Магия любви

Ростов-на-Дону
«Феникс»
2000

ББК 36.99

З-68 Т. Золотая. Магия любви / Серия «Магические технологии». - Ростов н/Д: «Феникс», 2000. - 320 с.

ISBN 5-222-01184-4　　　　　　ББК 36.99

© Автор: Т. Золотая, 2000
© Оформление: Издательство «Феникс», 2000

Введение

Дорогие читательницы и читатели. Магией любви пользовались с древних времен как мужчины, так и женщины. Данная книга не философская и не теоретическая, а чисто практическая — на каждый случай в ваших трудных поисках любви. Это древнее искусство — очаровывать, околдовывать, а иногда и действовать насильно.

Книга поможет вам не теряться в трудных ситуациях, а активно действовать. Здесь собраны магические ритуалы, обряды и заговоры разных народов. Поэтому вы сможете подобрать для себя подходящие именно вам, в соответствии с вашим мировоззрением и вашими корнями.

Как определить суженого или суженую? Как заставить обратить на себя внимание и увлечь собой? Как поддерживать чувство любви? Как вернуть любимого или любимую? Как самим защититься от магического воздействия? — Эти и многие другие проблемы поможет решить эта книга.

Обряды нужно точно выполнять, иначе могут быть неожиданные последствия, и порой неприятные.

Любовная магия всегда занимала среднее место между черной и белой магией. Так как, что бы там ни говорили, а воздействие магией на человека ограничивает его свободу выбора, и даже если вы просто читаете заговор на себя — вы уже влияете на свою судьбу. Но практика эта всегда была и, наверное, будет. При пользовании любовными магическими обрядами не забывайте, что, выступая в роли ограничителя свободы человека, вы выступаете против природы и ваш обряд может вам и вернуться. Но это обычно никого не останавливает.

Счастливого вам пути в мир магии любви.

Заговорное слово

Один из самых древних способов магического воздействия — заговор. Заговорное слово на Руси возникло очень давно, куда раньше письменности. Люди пользовались им в своей повседневной жизни на протяжении столетий. Прикоснемся к этой древней мудрости и мы с вами.

Для спасения человека от колдунов и ведьм

Пойду, благословясь, из избы дверями в сени, из сеней во двор, из двора в ворота, под красное солнышко, под чистое поле, в чистом поле стоит святая Божия церковь, сами царские двери растворяются, сам раб Божий (имя) заговаривается от колдунов, от ведунов, от колдуний, от ведуньев, кто на меня лиху думает, тот считай в лесе лесок, в море песок, а на избе звезды, во веки веков, аминь!

Трижды прочитать до восхода солнца.

Приворот

Что такое приворот, я думаю, сегодня никому не нужно объяснять. Если вкратце — это магический ритуал или заговор, нацеленный на привлечение к вам внимания и расположения человека, который вам нравится; в более серьезном варианте – чтобы он не мог и помыслить свою жизнь без вас.

Я не буду читать вам мораль по поводу этичности ваших действий. Надпись на коробке сигарет о том, что курение вредит здоровью еще никого не остановила. Решайте сами и, если уж решили, действуйте.

К приворотным заговорам

Заклинательные акты при присушивании всегда нужно сохранять в тайне, чтобы привораживаемый не узнал и не побежал к колдуну снимать заклятие.

Заговорное слово имеет сильное магическое

действие. Если вы находитесь во время обряда одни — то читайте, четко выговаривая слова, и сохраняя ритм заклинания. А если с вами находится рядом кто-то еще, то шепчите так, чтобы присутствующий не мог разобрать слов, но компенсируйте это тем, что ярко, образно будете представлять сюжет заговора.

Заговоры читаются на утренней или вечерней заре (реже в полдень), обычно по три раза. Тексты, связанные с обращением к темным силам, читаются на вечерней заре или в полночь, а тексты, связанные с обращением к светлым силам, — на утренней заре или в полдень.

Заговоры пришли к нам из древности, и только после Крещения Руси их тексты были адаптированы к православию. Но и до сих пор в них встречается волшебство русской сказки: «...на море-океане, на острове Буяне...». Выберите из приведенных текстов тот, который находит отклик в вашей душе, и – действуйте.

Итак, привороты...

Выйду я в чисто поле, есть в чистом поле белый кречет; попрошу я белого кречета — слетал бы он за чисто поле, на сине море, за круты горы, за темные леса, за зыбучи болота, и попросил бы он силу тайну, чтоб дала она мене помощь сходить ему в высокий терем и застать там единого (имя), сел бы белый кречет на высоку белу грудь, на ретиво сердце, на теплу печень, и вложил бы рабу божьему (имя) из своих могучих уст, чтобы он (имя) не мог без меня, рабы (имя), ни пить, ни есть, ни гулять, ни пировать. Пусть я буду у него всегда на уме, а имя мое на его языке.

Читать заговор нужно, находясь в поле, или представить, что вы вышли в поле.

На добра молодца

Исполнена еси земля дивности. Как на море, на океане, на острове Буяне есть горючь камень Алатырь, на том камне устроена огнепалимая баня; в той бане лежит разжигаемая доска, тридцать три тоски. Мечутся тоски, кидаются тоски и бросаются тоски из стены в стену, из угла в угол, от пола до потолка, оттуда через все пути и дороги, и перепутья, воздухом и аером. Мечитесь, тоски, киньтесь, тоски, в буйную его голову, в тело, в лик, в ясные очи, в сахарные уста, вретиво сердце, в его ум и разум, в волю и хотенье, во все суставы, в 77 суставов, полусуставов и подсуставов; и во все его жилы, в 77 жил, полужил и поджилков, чтобы он тосковал, горевал, мучился бы и страдал во всяк день, во всяк час, во всякое время, нигде б пробыть не мог, как рыба без воды. Кидался бы, бросался из окошка в окошко, из дверей в двери, из ворот в ворота, на все пути, и дороги, и перепутья с трепетом, туженьем, с мукой и печалью, очень спешно шел бы и горевал, и пробыть без того и минуты не мог. Думал бы об ней не задумал бы, спал бы не заспал, ел бы не заел, пил бы не запил и не боялся бы ничего, чтобы она ему казалась милее света белого, милее солнца пресветлого, милее луны прекрасной, милее всех и даже милее сна своего во всякое на молоду, под полон, на перекрой и на исход месяца. Это слово есть утверждение и укрепление, им же утверждается и укрепляется, и замыкается. Если какой еще человек, кроме меня, покусится омыкать страх сей, то буди, яко червь в свинце ореховом. И ничем, ни аером, ни воздухом, ни бурею, ни водою, дело это не отмыкается. Аминь.

На море на океане есть бел горюч камень Алатырь, никем не ведомый, под тем камнем сокрыта сила могуча, и силам нет конца. Выпускаю я силу могучу на (имя) добра молодца; сажаю я силу могучу во все кости и полукости, во все жилы и полужилы, в его ретиво сердце, в грудь, в его руки и ноги. Будь ты, сила могуча, в (имя) добром молодце неисходно; а жги ты, сила могуча, его кровь горючую, его сердце кипучее на любовь к (имя) красной девице. А был бы добрый молодец (имя) во всем послушен красной девице (имя) по всю ее жизнь. Ничем бы добрый молодец не мог отговориться, ни заговором, и ни приговором, и не мог бы ни стар человек, ни млад отговорить его своим словом. Слово мое крепко, как бел горюч камень Алатырь.

Кто из моря всю воду выпьет, кто из поля всю траву выщиплет, и тому мой заговор не превозмочь, силу могучу не увлечь.

На море на Океане, на острове Буяне стояло дерево; на том дереве сидело семьдесят птиц, как одна черна; эти птицы щипали ветви, эти ветви бросали на землю; эти ветви подбирали бесы и приносили к Сатане Сатановичу. Уж ты худ бес! — Кланяюсь я тебе и поклоняюсь, — сослужи мне службу и сделай дружбу: зажги сердце (имя) по мне (имя) и зажги всю печень и легкое, и все суставы по мне (имя), будет мое слово крепче, крепче трех булатов во веки!

Чтоб нагнать жестокую тоску на парня

Нужно пойти в баню, попариться хорошенько, а после этого встать на тот веник, которым пользовались, и приговаривать:

Выйду из парной бани, встану своим белым бумажным телом на шелков веник; дуну и плюну в четыре ветра буйных.

Попрошу из чиста поля четырех братьев — четыре птицы востроносы и долгоносы, окованы носы. Лети из чиста поля, белый кречет, вострый нож и востро копье; садись, белый кречет, рабу Божьему (имя) на белы груди, на ретиво сердце, режь же его белы груди тем же вострым ножом, коли же его ретиво сердце тем же вострым копьем; вынимай из его ретива сердца, из черной печени и из всей крови горячей его тоску и кручину. Полети, белый кречет, понеси, белый кречет, всю тоску и кручину, на воду не опусти, на землю не урони, на стужу не позноби, на ветру не посуши, на солнце не повянь; донеси всю тоску-кручину, всю сухоту, чахотку и вяноту велику до раба Божьего (имя), где бы его завидеть, где бы его заслышать, хоть бы в чистом поле, хоть бы при расставанье великом, хоть бы при путях-дорогах, хоть бы в паренной бане, хоть бы в светлой светлице, хоть бы за столами дубовыми, хоть бы за скатертями перчатными, хоть бы за кушаньями сахарными, хоть при мягкой постели, при высоком столовье, хоть при крепком сне. Садись, белый кречет, на раба Божьего (имя), на белы груди, на ретиво сердце, режь его белы губы тем же вострым ножом, коли его ретиво сердце тем же вострым кольем, клади в его белы груди, ретивое сердце, в кровь кипучую всю тоску-кручину, всю сухоту, всю чахоту, всю вяноту великую во всю силу его могучую, в хоть и плоть его в семьдесят семь жил, в семьдесят семь суставов, в становой его сустав, во всю буйную голову, в лицо его белое, в брови черные, в уста сахарные, во всю красоту молодецкую. Раб бы Божий (имя) чах бы чахотой, сох сухотой, вял вялотой, в день по солнцу, в ночь по месяцу на полну и ветху, в перекрой месяцу, во все другие дни, в утренние и вечерние зори, во всякий час и минуту. Как май месяц мается, так бы раб Божий (имя) за рабой Божьей ходил и маялся, не мог бы ее ходить и переходить, никаким словом обходить, век по веку, и раб Божий (имя) по рабе Божьей (имя) не мог бы ни жить, ни быть, ни есть, ни пить, ни на новцу, ни на полну, ни на ветху, ни на перекрой месяца, во все другие дни. Как май месяц мается, так же раб Божий (имя) за рабой Божьей (имя) ходил и маялся, и не мог бы он ее ни коим словом ходить и переходить, и не мог бы без нее ни жить, ни быть, ни есть, ни пить. Эти мои наговорны слова, которы договорены, которы переговорены, которы позади остались, — берите, мои слова, вострее вострого ножа, вострее копья, вострее сабли, ярей ключевой воды. И этим моим наговорным словом заключенные слова — ключ и замок, ключ — щуке, замок — в зубы, щука — в море. Ныне и присно, и во веки веков, аминь.

На молодца

Стану я, раба Божия (имя), благословясь, пойду, перекрестясь, из избы в двери, из ворота в ворота, пойду в чистое поле, в подвосточную сторону, в подвосточной стороне стоит изба, среди избы лежит доска, под доской тоска. Плачет тоска, рыдает тоска, белого света дожидает, белый свет красное солнышко дожидается, радуется и веселится! Так бы меня, рабу (имя), дожидался, радовался и веселился, не мог бы без меня ни жить, ни быть, ни есть, ни пить; ни на утренней заре, ни на вечерней, ни в обед, ни в полдень, ни при частых звездах, ни при буйных ветрах, ни в день при солнце, ни в ночь при месяце. Вливайся, тоска, въедайся, тоска, в грудь, в сердце, во всего раба (имя), разрастись, и разродись по всем жилам, по всем костям постой и сухотой по рабе (имя)

Во имя Отца, и Сына, и Святого Духа. Стану я, раба Божия (имя), благословясь, пойду, перекрестясь, из избы дверями, из двора воротами, выйду в чистое поле; в чистом поле стоит изба, в избе из угла в угол лежит доска, на доске лежит тоска. Я той тоской, раба Божия (имя), помолюсь и поклонюсь: о, ты, тоска, не ходи ко мне, рабе Божьей (имя), поди, тоска, навались на добра молодца, в ясные очи, в черные брови, в ретиво сердце, разожги у него, раба Божьего (имя) ретивое сердце, кровь горячую по мне, рабе Божьей (имя), чтобы не мог ни жить, ни быть.

Вся моя крепость. Аминь. Аминь.

Встану я, раба Божия (имя), благословясь, пойду, перекрестясь, из дверей в двери, из ворота в ворота, в чистое поле, стану на запад хребтом, на восток лицом, посмотрю на ясное небо, с ясного неба летит огненная стрела; той стреле помолюсь, покорюсь и спрошу ее:

— *Куда полетела, огненная стрела?*
— *В темные леса, в зыбучие болота, в сырое коренье!*

О, ты, огненная стрела! Воротись и полетай, куда я тебя пошлю: есть на Святой Руси добрый молодец (имя), полетай ему в ретиво сердце, в черную печень, в горячую кровь, в становую жилу, в сахарные уста, в ясные очи, в черные брови, чтобы он тосковал, горевал весь день, при солнце, на утренней заре, при молодом месяце, при вихре-холоде. На прибылях днях и на убылых днях, отныне и до века.

Возьмите пряник, пойдите с ним в баню и трижды произнесите заговор. Затем дайте съесть под каким-либо предлогом этот пряник вашему желанному.

Господи Иисусе Христе, Сыне Божий, помилуйте нас, аминь. На море на Океане, на острове на Буяне, на реке Ярдане, стоял гроб золотой, гроб-то не пустой, сделан-то гроб из узорчатых колец, а в нем лежал добрый молодец. Раб Божий (имя)! Встань, пробудись, в цветно платье обрядись, бери камень и огниво, зажигай свое сердце ретиво по рабе Божьей (имя), и так зажигай крепко, и дайся по рабе Божьей (имя) в тоску, в печаль; как удавленному в петле, так бы рабу Божьему (имя) было бы тошно по рабе Божьей (имя). Как утопшему в море, так бы рабу Божьему (имя) было бы тошно по рабе Божьей (имя), как душа с телом расстается во веки, аминь. Утверждаю Иисусом Христом и Пресвятою Госпожею Богородицею, и всею небесною силою, во веки, аминь. Всегда, ныне и присно, и во веки веков, аминь. Во имя Отца и Сына, и Святого Духа, аминь. Отца — аминь, Сына — аминь, Святого Духа — аминь.

Наговор лучше делать на соль, можно на пиво или вино, на хлеб и пряник. После произнесения наговора нужно трижды сплюнуть. А наговоренный продукт дать съесть или выпить любимому вами мужчине.

Господи Иисусе Христе, Сыне Божий, помилуй нас, аминь.

На Русской и на Немецкой земле есть огненный царь, он высушил реки и озера, и мелкие источники, и так бы сох раб Божий (имя) по рабе Божьей (имя) двадцать четыре часа днем и ночью, на новом месяце и на перекрое месяце, и во все меженны дни; и не мог бы ни жить, ни быть, ни есть раб Божий (имя): в семидесяти суставах и в семидесяти жилах, в поднятной жиле и в подколенной жиле, и в пространной жиле, и везде бы сохло и болело по мне, рабе Божьей (имя). Еще в чистом поле стоит Феоклист, да все высохло, днем на солнце, а ночью при месяце и при частых звездах, и при частых дождиках в семидесяти суставах, и в семидесяти жилах, и в пространной жиле, и везде бы сохло у раба Божьего (имя). Двадцать четыре часа ночных и дневных, на утренней заре, на вечерней заре, на новом месяце и на ветху месяце, и на перекрое месяце, во все остальные дни, не мог бы он, раб Божий (имя), без меня, рабы Божьей (имя) ни жить, ни быть. Есть в чистом поле печь медная, накладено в нее дров дубовых, как от тех дров дубовых сколь жарко разгорается, и так бы разгорелось у раба Божьего (имя), по мне, рабе Божьей (имя), двадцать четыре часу денных и ночных, на новце месяце, и на ветху месяце, во вся меженные дни, не мог бы он, раб Божий (имя) без меня ни жить и ни быть. Всем моим словам ключ и замок, аминь, аминь, аминь.

Стану я, раба Божья (имя), по утру, благословясь и перекрестясь; выйду я в чистое поле, погляжу на все четыре стороны: на восточной стороне стоит святая церковь. Как на эту церковь смотрят и зарятся, так бы на рабу Божью (имя) смотрели и зарились молодые молодцы, смотрели и зарились, и будьте, слова мои, крепки и емки, как ключи подземные, аминь.

Для готовых добиться своего любой ценой

Стану я, отроковица (имя), не благословясь, пойду, не перекрестясь, из избы не дверьми, из двора не воротами и пройду в чистое поле. В чистом поле стоит и три, и два, и один: бес Сава, бес колдун, бес Асаул, и как вы служили Ироду царю, и так послужите мне, отроковице (имя), пойдите по городам и по уездам, и по деревням, избирайте тоску и сухоту со зверей, и с птиц, и с рыб, и со всякого звания людей, и снесите ту тоску и сухоту в отрока (имя), в ясные очи, в черные брови, в румяное лицо, в сахарные уста, в горячую кровь, в черную печень, в тридевять жил и одну жилу, во становую, во поднятную, чтобы отрок (имя) не мог ни жить, ни быть, ни день по солнцу, ни ночью по месяцу. Как младенец без материнского молока жить не может, так бы отрок (имя) без меня, отроковицы (имя), ни дышать, ни спать не мог бы; как человек без воды жить не может ни днем, ни ночью, ни в которую пору. Есть в чистом поле дуб сорочинской и под тем дубом сорочинским есть тридевять отроков, из-под того дуба сорочинского выходит Яга-баба и поджигает тридевять сажень дубовых дров, и коль жарко и коль ярко разгоралось тридевять сажень дубовых дров, и столь жарко разгорался бы отрок (имя), разгорались ясные очи и черные брови, и румяное лицо, сахарные уста, ретивое сердце и горячая кровь, черная печень, семьдесят жил и семьдесят суставов и семьдесят один подсустав, чтобы отрок (имя) без отроковицы (имя) не мог бы с себя тоски и сухоты снять, в парной бане париться, не мог бы в чистом поле разгуляться и пресным молоком нахлебаться, ни сном отоспаться, в беседе не отсидеться. И тем моим словам — ключ и замок, и замок замку, и снесу замок в Океан-море под Алатырь-камень.

Отворот

Заговоры действия противоположного, отвороты, практиковались не менее широко. Я думаю, все знают, как может надоесть настойчивый ухажер.

Если Вам кто-то надоедает и не понимает слова «нет»

Обряд делается на ущербную Луну, т.е. между полнолунием и молодой Луной. Разведите трескучий костер, отойдите в сторону и подберите две горсти сухих листьев вербены (можно их приготовить заранее). Когда подбираете листья, выкрикните имя того, от кого хотите избавиться. Бросьте листья в огонь со словами:

Забери мою боль,
Унеси ее прочь,
Отстань от меня,
Я не в силах помочь.

Повернитесь и идите в дом (или мимо костра, если это происходит вдали от дома). Проделайте это в течение трех ночей подряд, и вы больше никогда не услышите о нежеланном человеке.

Скатертью дорожка!

Возьмите небольшой квадратик бумаги и напишите на нем имя неприятного претендента на ваше внимание. Используйте черные чернила. Лучше всего использовать старые перьевые ручки, которые макают в чернильницу. Дайте чернилам высохнуть, не промокайте. Зажгите белую свечу и сожгите бумагу на ее пламени, при этом думайте, как этот человек будет убегать от вас. Соберите пепел (лучше сжигать бумагу над пепельницей) и отнесите его на склон горы или холма (в пакетике). Тут вы должны высыпать пепел в правую руку и, подняв ее вверх, сказать:

*Ветры севера, востока, запада и юга,
Заберите страданья, унесите отсюда,
Пусть они приютятся в тихой заводи
Леты, Пусть сердце мое позабудет про
это, Пусть все мысли его (ее) от меня
отвратятся. И все прошлые встречи будут сном лишь казаться.*

Затем подуйте на пепел, чтобы он развеялся по ветру. Обряд повторите 3 раза.

Скрепление брачных уз

Тяжело сохранить семейное счастье, если вдруг объявился недоброжелатель или недоброжелательница, желающие изурочить семью. И с помощью этих заговоров Вы можете сохранить тепло отношений, что бы ни случилось.

Заклинание проводится на красной ленте длиной около метра.

Жена завязывает первый узел, муж – второй, жена – третий и т. д. При завязывании первого узла, посередине, оба партнера говорят:

С первым узлом мы
                начинаем наш брак

Завязывая второй узел, на одном конце ленты, говорят:

*Со вторым узлом мы
    клянемся любить друг друга*

Третий узел завязывается на другом конце ленты и при этом говорят:

*С третьим узлом мы
    обещаем быть честными друг с другом*

Четвертый узел завязывается между серединой и концом ленты со словами:

*Четвертым узлом мы
        обовьем наши сердца*

Завязывая узел между центром и другим концом ленты, говорят:

*С пятым узлом мы
        держимся друг за друга*

Шестой узел завязывается между одним концом ленты и узлами рядом с ним. Приговаривать надо следующее:

*Шестым узлом мы
        поддерживаем друг друга*

А на другом конце, между ним и рядом находящимся узлом, завязывается еще один:

*Седьмым узлом мы
    сливаем воедино наши души*

Между центром и узлом рядом с ним завязывается еще один:

*Восьмым узлом мы защищаем
друг друга от великого зла*

И последний узел, между центром и другой четвертью:

С этим узлом я становлюсь ты

Ленту с узлами прячут в надежное место и хранят как зеницу ока.

Обряд можно делать жене, мужу или вместе. Возьмите стебелек травы в рот, зажмите его губами, чтобы он выступал. Станьте лицом на восток и опуститесь на колени. Некоторое время думайте о вашем супруге, затем возьмите стебелек в левую руку, поднимите его высоко и проговорите:

*По небесному закону
солнце всходит и заходит,
По небесному закону
будешь ты всегда со мной.*

Вновь возьмите стебелек в рот. Повернитесь на запад, и снова встаньте на колени и снова думайте о вашем супруге некоторое время. Затем возьмите стебелек в правую руку, поднимите высоко над головой и скажите:

*И никто-никто не сможет
наш закон любви нарушить,
Разве солнце повернется
к нам другою стороной.*

Снова возьмите стебелек в рот. Повернитесь на север, станьте на колени и подумайте о вас обоих. Теперь стебелек надо разрезать на мельчайшие кусочки и смешать с какой-нибудь пищей, которую должны будут съесть как муж, так и жена.

Если у вас в семье размолвка

Возьмите большое красное яблоко и разрежьте его на две половины. Разрезать следует не вдоль (от хвостика к верхушке, а поперек. Теперь возьмите обе дольки — одна представляет вас, а другая — вашего супруга(у). Держите их в разных руках, при этом некоторое время сосредоточьтесь в мыслях на Вашей истинной любви друг к другу. Воткните палочки в разрезанные поверхности, по одной в каждую половину. Соедините половинки вновь и воткните палочки (предпочтительно мирт или финик) через центр, чтобы удержать половинки вместе. Теперь пойдите с этим яблоком на берег реки, ручья или озера и бросьте его подальше на середину со словами:

> *Гана, если пожелаешь
> ты сердца соединить,
> Половинку к половинке
> ты сумеешь прикрепить.
> Подари нам сладость жизни
> и любви чудесный плен,
> Все плохое пусть исчезнет,
> превратится в прах и тлен.*

Заговор на любовь

Как раба Божия (имя) любит раба Божьего (имя), так чтобы и раб Божий (имя) не мог без нее жить, ни пить, ни есть, и любил, и уважал ее не менее отца с матерью, чтоб была она ему милее белого месяца и яркого красного солнышка, во веки веков, отныне до веку, аминь.

Вернуть мужа, стать ему желанной

Наговор на липовое полено или липовую ветку. Читать во вторник, среду или субботу (бабьи дни), а вечером перед исполнением обряда нужно напоить мужа липовым чаем.

Отколите от липового полена или ветки липы две щепки и положите их утром крест-накрест под матрац, но обязательно подождите, пока муж уйдет. После этого произнесите следующее заклинание:

Вот я укладываю по Божьей милости две лучины животворные.

Свете Тихий, и ты, мати Святая Богородица, пособите мне в нехитром бабьем деле. Возвернуть я тщусь суженого своего.

Я сымаю с постановушки животворные лучины и укладываю на уголья пенные.

Как они горят, распаляются, как одним огнем занимаются, так и мне, и мужу моему гореть бы едино, распаляться.

На ноще, на утренней зоре и на вечере, на перекрой месяца проходите мои слова во все щели земные, во все омуты глухие, возверните следы мужа моего на место обихоженное, Божьей милостью положенное.

Ритуал прощения между влюбленными

Все знают, как трудно иногда любимым простить друг друга после ссоры. Этот ритуал поможет освободить от обиды сердце.

Требуется действие обеих сторон. Возьмите три свечки — две белые и одну красную. Зажгите их, затем сядьте лицом к лицу и возьмитесь за руки (левая рука в левой руке, а правая — в правой). Пусть провинившаяся сторона признает свою вину и пусть обиженная сторона скажет:

Я люблю тебя. Я прощаю тебя.

Затем отпустите руки и положите на блюдо монету (лучше серебряную). Провинившийся берет белую свечу и дает воску капать с нее на монету. Обиженная сторона проделывает то же самое с другой свечей. Затем виноватый берет красную свечку и капает ее воском на белый воск, который накопился на монете, говоря при этом:

*Пусть любовь моя к тебе
покроет обиду, что я причинил.
Чтобы никто и никогда
нас с тобой не разделил.*

Вновь возьмитесь за руки и поцелуйтесь над монетой. Затем монету следует вынести и закопать в землю у ствола ивы. Для этого ритуала надо брать маленькие свечки.

Избавиться от соперницы

Сложно, когда муж загулял. Ведь еще совсем недавно строили общее счастье. Если вы все же решили бороться за свою семью, эти заговоры – для вас.

Наговорить на землю, взятую между следами вашей соперницы и вашим мужем, для усиления можно добавить изрубленные медвежьи когти.

Зайду я во широкий двор, во высокий дом, запишу я (имя) отстуду велику, отстудился бы раб Божий (имя) от рабы Божьей (имя), чтобы он был ей ни на глаза, ни днем, ни ночью, ни утром, ни вечером, чтобы он в покой, она из покоя, он бы на улицу, она бы с улицы, так бы она ему казалась, как люта медведица. И в каком бы она ни была платье, хоть в цветно, хоть в будничных, все бы он не мог ее терпеть и каждый бы раз не сносил бы зубов своих кулаков. Хоть бы ладно она делала, а ему все бы казалось не ладно, и хоть бы по уму делала, а ему бы казалось не по мыслям. Пошел бы он по улице, разогнал бы грусть-тоску-кручину с чужими людьми, и пошел бы он домой и повалился бы на постель, и есть у него подружка, ночная подушка, и разогнал бы он с ней грусть, тоску.

Эту землю подсыпать в пищу любимому.

Наговор на воду

Наговорить на воду и дать выпить любимому.

Как мать быстра река Волга течет, как пески с песками споласкиваются, как кусты со кустами свиваются, так бы раб (имя) не водился с рабой (имя) ни в плоть, ни в любовь, ни в юность, ни в ярость; как в темной темнице есть нежить простоволоса, и долговолоса, и глаза выпучивши; так бы раба (имя) казалась ему (имя) простоволоса и долговолоса и глаза выпучивши; как у кошки с собакой, у собаки с росомахой, так бы и у раба (имя) с рабой (имя) не было согласия ни днем, ни ночью, ни утром, ни в полдень, ни в набедок. Слово мое крепко.

Наговор на землю

Наговорить на землю, взятую между гор (холмов), подмешать медвежьи порубленные когти и все это подсыпать вашему любимому.

Стану не благословясь, выйду, не перекрестясь, из избы не дверьми, из двора не воротами – мышьей норой, собачьей тропой, окладным бревном; выйду на широку улицу, спущусь под круту гору, возьму от двух гор земельки; как гора с горой не сходится, гора с горой не сдвигается, так же бы раб Божий (имя) с рабой Божьей (имя) не сходился, не сдвигался. Гора на гору глядит ничего не говорит, так же бы раб Божий (имя) с рабою Божьей (имя) ничего бы ни говорил. Чур от девки, от простоволоски, от жонки, от белоголовки, чур от старого старика, чур от еретиков, чур от еретиц, чур от ящер ящериц.

Наговор на вино

Наговорить на вино и дать выпить любимому.

Ручей с ручьем сбегаются, гора с горой не сходятся, лес с лесом срастается цвет с цветком слипается, трава развивается. От той травы цвет сорву, с собой возьму, выйду на долину, на такую большую тропинку, возьму себе землину, сяду под лесину, выйду на широкий луч, посмотрю на все четыре стороны, нейдет ли раб Божий (имя), и кину, и брошу я в чисто поле; и как гора с горой не сходятся, так бы и раб Божий (имя) не сходился и не сдвигался.

Наговор на воду и соль

Наговорить на воду и соль, затем напоить и подсыпать в еду любимому.

Черт идет водой, волк идет горой; они вместе не сходятся, думы не думают, мыслей не мыслят, плоды не плодят, плодовых речей не говорят. Так бы рабы Божьи (имя) мысли не мыслили, плодов не плодили, плодовых речей не говорили, а все бы как кошка с собакой жили.

Разлучить мужа с женой

Эх, разлучницы ведь тоже далеко не всегда со зла действуют. А если любовь, а уйти из опостылевшей семьи не может он, причины у него разные...

Наговаривают на воду и поят обоих

Стану я, раба Божья (имя), не благословясь, и пойду, не перекрестясь, из избы не дверьми, из ворот не воротами, выйду подвальным бревном и дымным окном в чистое поле. В чистом поле бежит река черна, по той реке черной ездит черт с чертовкой и водяной с водяночкой, на одном челне не сидят, и в одно весло не гребут, одной думы не думают и совет не советуют. Так бы раб Божий (имя) с рабой Божьей (имя) на одной бы лавке не сидели, в одно бы окно не глядели, одной бы думы не думали, одного совета не советовали. Собака бела, кошка сера — один змеиный дух. Ключ и замок словам моим.

Наговорить на воду и дать им напиться

Стану я не благословясь, пойду я не перекрестясь, не дверьми, не воротами, а дымным окном, да подвальным бревном положу шапку под пяту, под пяту, не на сыру землю, да в черный чобот; а в том чоботе побегу я в темный лес, на большо озерище; в том озерице плывет челнище, в том челнище сидит черт с чертищей; швырну я с под пяты шапку в чертища. Что ты, чертище, прочь лицом от своей чертищи; поди ты чертище, к людям в пепелище, посели, чертище, свою чертищу к (имя) в избище, не как ты, чертище, с своей чертищей, живут людища мирно-любовно, друг друга любят, чужих ненавидят. — Ты, чертище, вели чертище, что она, чертища, распустила волосища; как жила она с тобою в челнище, так жил бы (имя) со своей женой в избище. Чтоб он ее ненавидел. Не походя, не подступя, разлилась бы его ненависть по всему сердцу, а у ней по телу, на рожество, не могла бы ни в чем угодить и опротивела бы ему своей красотой, омерзела бы ему всем телом. Как легко мне будет отступить от тебя, как легко достать шапку из озерища тебе, чертищу, хранить шапку в озерище, от рыбы, от рыбака от злого колдуна, чтобы не могли ее ни рыбы съесть, ни рыбак достать, ни злой колдун отколдовать на мир и лад. И вместо рукописи кровной отдаю тебе я слюну.

Сохранить мужскую силу

Что делать мужику, коли изурочили? И ведь жизнь не мила, и к бутылке тянет...

Исполняет сам мужчина.

Действие происходит на берегу реки, мужчина должен быть полностью обнажён. Опустите большой кувшин в бегущий поток и наберите воды, ставя кувшин по течению, а не против него. Затем подберите три ветки от разных деревьев и опустите их в эту воду. Размешивайте ветками воду и говорите:

Пани, пани, тове манди вушер

Нафлипен тав та мук манди састи.

Все ветки бросьте в поток. Затем полностью обмойтесь водой из кувшина, а то, что останется, слейте в реку.

Преодоление импотенции

Взять равные части розмарина, лимонного бальзама, шалфея. Высушите все это, затем измельчите в порошок. Ночью в фазу новой луны зажгите брикет древесного угля, посыпьте его этим порошком и пусть он горит все время, пока вы совершаете половой акт. Когда вы будете лежать вместе, а дым подниматься, говорите оба:

Любовные травы,
   вы должны нам помочь,

Должны пробудить
   вы мужскую мощь,

В любовных объятиях
   сплести нас должны,

Так положим конец
   горю в нашей любви.

Делайте это каждую ночь до тех пор, пока в этом не исчезнет необходимость.

Если бессилие — результат порчи

Если бессилие — результат порчи (злого магического влияния), необходимо устранить ее перед тем, как приступить к этому ритуалу.

При других причинах этого недуга можно сразу приступать к этому способу лечения. Необходимо соблюдать ритуал, время, учитывать астральное влияние. Заговор 9 раз перечитывается на воду, которую следует набрать с 3 до 5 утра.

Во имя Отца и Сына и Святого Духа, Аминь. Есть святое океан-море, на том святом океан-море стоит остров, на том острове стоит дуб булатный. У того дуба булатного корни булатные, вершина булатная. Круп того дуба булатного ветром не согнет, вихрем не сломит. Так бы у раба Божьего (имя) стояли 77 жил и единая жила... на женский лик красныя девица, на старыя бабы, на молодыя молодицы. Еще же под тем булатным дубом кузов ярости и юности и аз раб Божий (имя) возьму кузов ярости и юности, распущу ярость и юность на раба Божьего (имя) в ретивое сердце, в 77 жил и единую жилу сердечную и в единую жилу... Еще на верху булатного дуба сидит веселая птица петух, встает рано, голову подымает и весело поет. Столь же бы стояли у раба Божьего (имя) 77 жил и единая жила...: вставали бы рано на женский пол и на мужской, на молодые молодицы, на красная девицы, на старые бабы. А злого человека-порченника, кто на (имя) зло думает и мыслит, ударь его коленки о камень, убей его! У раба Божьего (имя) стал бы... лучше старого, храбрее прежнего, что турий рог, что еловый сук; так бы раб Божий (имя) стал пылок и ярок на женскую похоть, на полое место во веки веков, аминь.

Еще заговор при импотенции:

Есть гора костяна. На той горе есть стул костян. На том стуле костяном сидит царь костян, подпершись своим костылем костяным, шляпа на главы костяна, рукавицы на руках костяны и сапоги на ногах костяны. И весь тот царь костян, и все 73 жилы костяны, и становая жила кость. Так бы и у меня, раба Божьего (имя), все 73 жилы и вси 73 суставы были костяны, и вся и становая жила была бы костяна, и стояла бы она на жуе 100 раз и тысячу на подстрекание на малое место на женскую нифцу и девичью: на черную, на русую, на красную, на белую, и всякую месяца молода и ветха, и на перекройных днях.

Заговоры от пьянства

Пьянство — величайший враг любви. И ведь всем хорош мужик, а пьет. Что делать? И здесь Вам может помочь заговорное слово.

Во имя Отца и Сына и Святого Духа. Земля, ты моя мати, прикажи мне рабу Божьему (имя) от сего угодол взяти добру траву зарахиль, тебе Мати Земля на стояние, а мне для рабов и рабынь, для лечения их пьянства. Сей раб Божий (имя) о вине не думал, глазами не смотрел, слухом не слыхал, чувствами своими не чувствовал и отбегал от вина. Как тошно помирать, так бы тошнилось вино рабу Божию (имя) отныне и до веку.

Во имя Отца и Сына, и Святого Духа, аминь! Хмель и вино отступись от раба Божьего (имя) в темные леса, где люди не ходят и кони не бродят, и птица не летает.

Во имя Отца и Сына, и Святого Духа (дважды). Хмель и вино выходи на быструю воду, на которой воды люди не ездят; от раба Божьего (имя) хмель и вино поди на буйные ветры, который ветер по дальности ходит. Во имя Отца и Сына и Святого Духа, привяжись к лихому человеку, который на раба Божия (имя) лихо думает, к тому привяжись, который добра не сделает, от меня во веки отвяжись. Во имя Отца и Сына и Святого Духа. Аминь!

Если вы хотите излечить человека от этого недуга, вначале необходимо выяснить: нет ли на нем наговора, если есть — снять. Затем учитывая астральное влияние (период новолуния), время дня (дневные часы), нашептать на воду 9 раз заговор и дать попить больному. Перед заговором один раз читается «Молитва Господня». Заговор:

Заря-зарница, всем зарям царица. Ясный месяц, светлые звезды, возьмите от раба Божьего (имя) бездремотницу и бессонницу и отнесите в море кипучее, в бездну шипящую, в смолу кипящую, в тьму преисподнюю. Явись к (имя) сон в виде красной девицы и ясного Солнца, возьми от (имя) силу страстную, желание пагубное, и дай рабу Божьему (имя) просветление и отрезвление и избави раба Божьего (имя) от пагубной привычки — пьянства, отныне до века, аминь.

Примечание: женщина производит действие с покрытой головой.

Любовь и разлука

Разлука — еще один враг любви. Но заговорное слово помогает и здесь.

Если вас разлучили с любимым.

Возьмите половинку скорлупы грецкого ореха и просверлите в ней маленькую дырочку у самого края. Проденьте туда красную нитку и на конце завяжите узелок, чтобы она не выскочила. Налейте воды в ведро и пустите туда ореховую скорлупу. Держите за конец нити и говорите:

Моря и горы – не преграда.
Вернись скорей ко мне, любимый.
Заклятье Ганы налагаю:
Любовь всегда права, мой милый.

Держите конец нити в руке, руку опустите, чтобы указательный палец был направлен вниз, в воду. Скорлупа находится на другом конце, а вы начинайте помешивать воду, и делайте это так, чтобы нитка накручивалась на Ваш вытянутый палец.

Повторите заклинание. Его нужно произнести три раза, и к этому времени нитка должна быть полностью намотана на палец, а ореховая скорлупа плотно притянута к нему. 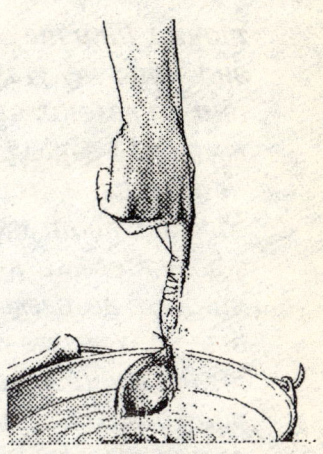 Поднимите скорлупу из воды за нить и вынесите ее на улицу. Снимите нитку с пальца и положите ее в скорлупу. Закопайте скорлупу перед входной дверью. Это приведет возлюбленного к вам домой.

Заговор от тоски для девушки

От востока до запада, от севера до юга, от реки до моря, от моря до океана, от пути до перепутья пролегла путь-дорога, всем дорога большая, старшая. По той дороженьке шли дизери Иродовы, несли в руках прутья ивовы, и другие сучочки, на которых росли почки, не расцветали цве-

точки. Шли те девы кости сушить, тело знобить, недугами людей мучить. Шли они ни далеко, ни близко, с юга и севера, с востока и запада, от Белого моря, от Черного моря, на город Иртыш, среди этого города стоит терем боярский, живет в этом тереме красная девица в скуке и тоске, в незнаемой беде. Вы, дизери лукавые, не ходите по пути к тому терему тело знобить, кости сушить, красну девицу изводить, идите вы, дизери Ирода, во чисто поле, где ковыль растет, ветер песни поет, сядьте вы там на травушку, на муравушку, где сидит тоска, а не тень суха, и велите той тоске, чтоб она, тоска, сестру родную от девицы прочь повыгнала, чтоб рабе (имя) было весело, точно в майский день птицам в роще, чтоб цвела она, как цветы весной в утро майское, а не послушает она, так вы прутьями ее взогрейте, да воскрикнула и ушла бы прочь, прочь от девицы.

Заговор должна читать мать девушки или женщина, имеющая дочерей.

Магические ритуалы

В этой главе я хочу рассказать Вам о магических ритуалах, которые помогут вам получить желаемое.

Приворотные ритуалы

Листья мелиссы, сорванные с зарею ранним утром, варить в ключевой воде, смешанной с утренней росой. В отвар добавить несколько капель дикого лесного меда, масла аниса и папоротникового сока. Все это хорошо смешать и снова варить. Полученным соком мазать свои руки и гладить ими по волосам любимого.

Срезать березовый прутик, растущий на восток, оборвать с него листочки. Прутик положить на порог, через который должен перешагнуть ваш возлюбленный. Листочки, высушенные и истолченные в порошок, кладут близко к сердцу. Когда придет возлюбленный, порошок подмешать в любое питье и дать ему выпить. Делать нужно незаметно.

Накануне для Ивана Купалы сорвать растение девясил до захода солнца, высушить его на полдневном солнце. Когда высохнет, истолочь в мелкий порошок. Этот порошок залить в мешочек и носить на шее 21 день, затем снять и дать пить любимому в чистой ключевой воде с примесью утренней росы.

Из свежего березового веника пруток кладут на порог той двери, в которую должен пройти любимый человек, произнося такие слова:

*Как высох этот тоненький пруток,
так пусть высохнет и милый друг (имя)
по мне, рабе (имя).*

После того, как человек прошел через порог,

пруток кладут на верхний полог в натопленной бане, поддают больше пару и, обращаясь в сторону, где лежит пруток, говорят:

> *Парься, пруток, и будь мягок, как пушок, пусть и сердце (имя) будет ко мне, рабе (имя) так же мягко, как и ты.*

После этого баню запирают, прут через некоторое время относят на воду и пускают по течению на заре.

Пруток кладут на порог, приговаривая, как сказано выше, затем, после прихода того, о ком заговаривают, прут кладут на жарко истопленную печь, приговаривая:

> *Будь сух, пруток, как птичий ноготок, пусть так же сух и будет мой дружок (имя), а когда он ко мне подобреет, тогда пусть краснеет, как яблочко наливное, и полнеет, как месяц ясный после новолуния.*

Приготовить мясо зайца вместе с мясом дикой утки на жарком огне. Поджаренное до хрусткости мясо дать любимому натощак.

Свежесорванную розу обмотать тонкой сеткой паутины, высушить на жарком полуденном солнце. Высушенную розу опрыскать росою, собранной с кустов черной смородины, и снова высушить. Потом снова обмотать тонкой сеткой паутины, опять смочить той же росой и снова сушить. Так повторить 3 раза. После третьего раза завернуть розу в тонкую широкую тряпицу и носить при себе. Если этой тряпицей дотронуться до любимого, то он скоро признается в любви.

Поставьте на стол бокал красного вина. Подвесьте кольцо на красную шелковую ленту. Удерживая ленту между большим и указательным пальцами наподобие маятника и, поставив локоть на стол, дайте кольцу зависнуть над устьем винного бокала. Постарайтесь удержать кольцо в спокойном состоянии. Громко и четко произнесите свое имя, затем имя объекта любви. Повторите имя возлюбленного(-ной) еще два раза (всего три раза). Затем, думая о нем (о ней), позвольте кольцу раскачиваться до тех пор, пока оно не звякнет о стенку бокала с вином по

разу для каждой буквы, когда вы произнесете имя. Повяжите ленту на шею и пусть кольцо свисает вам на грудь, ближе к сердцу. Носите его в течение трех недель. Каждую пятницу повторяйте ритуал. Тогда, к концу третьей недели, *тот, кого вы любите*, придет к вам.

Сядьте перед дневным костром и смотрите на него, думая о вашем возлюбленном. Между колен поставьте корзиночку с лавровым листом. Не отводя взгляда с огня, опустите левую руку в корзину, возьмите горсть листьев и бросьте в огонь. Когда их охватит пламя, громко скажите:

*Лавровый лист, что горит в огне,
Желанье сердца притяни ко мне.*

Дождитесь, пока пламя успокоится, и повторите действия. Проделайте то же и в третий раз. В течение 24 часов возлюбленный нанесет вам визит.

Призвать к себе любимого

Найдите на земле след вашего(-шей) любимого(-ой). Затем выкопайте след (точнее, землю, на которой он отпечатался). Отнесите землю к ближайшей иве и у ее основания в ямку положите отпечаток следа и присыпьте землей. Погребая след, говорите:

Земля на земле, узнаешь обо мне. Любовь моя – цветок, а я – стебелек. Ты (я) — петух, курица — я (она). Расти, расти, ива моя! Печаль минует таких, как я.

Скоро Вы обнаружите, что человек, по которому тоскуете, подойдет к вам.

Превратить себя в объект желания

Ритуал исполняется накануне Вальпургиевой ночи, на 1-е Мая. Подходит как мужчине, так и женщине.

Заберитесь в кусты боярышника и отломите ветку, приблизительно в 0,5 м от самой верхушки. Спуститесь вниз вместе с веткой. Отломанным концом нарисуйте круг на земле с восточной стороны дерева. Круг должен иметь около метра в диаметре. Станьте в круг, лицом на восток и, держа ветку над головой, произнесите:

*Опрэ зе рукэ адрэ зе вем,
Си чирикло та чирикли;
Телэ зе рукэ адрэ зе вем
Си пирамно та пирамни.*

Затем воткните ветку в землю посередине круга и уходите не оглядываясь.

Быть вместе с любимым

Отрежьте (а не подберите) две дубовые ветки. Одна около 15 см длиной, а другая около 10 см. Это будет исходным материалом, чтобы сделать вольт (куколку), которая будет представлять Вашего(-у) любимого(-ую).

На длинной ветке нацарапайте (нарисуйте) имя вашего возлюбленного(ой). На короткой нацарапайте слово «сердце». Теперь возьмите маленькую веточку и положите ее поперек большой, приблизительно в 5 см от верха, так, чтобы у вас получился крест. Свяжите в этом месте его (ее) волосом. Воткните фигурку в землю у подножия дуба, а вокруг выложите круг из желудей, а также из нескольких волос-

ков возлюбленного(-ой). Опуститесь на колени лицом к дереву и произнесите:

*Сила большая дубу дана:
Людям помочь в состоянье она.
Если любовь свою выскажешь ты,
То не страшны нам ненастные дни.*

Затем уходите и возвращайтесь на следующий день. Если фигурка все еще стоит, вновь опуститесь на колени и повторите заклинание. Делайте это в течение семи дней подряд. Если фигурка все это время стоит, тогда ваши дела идут хорошо и вы вскоре будете вместе. Но если по какой-то причине она упадет, то на вашем пути возникнут препятствия, которые помешают вам быть вместе.

Заполучите каким-то образом платок вашего возлюбленного или предмет одежды, который прилегал непосредственно к коже. Соберите семь желудей и заверните их в эту материю, обвязав ниткой красной шерсти. Спите с этим свертком под подушкой в течение семи последующих ночей. Затем, на восьмой день, пойдите в лес и спрячьте сверток в расщелину дерева (дупло). Если вы не сможете найти такое место, тогда можно использовать развилку, поскольку это надежное место для крепления. Тип дерева не имеет значения, хотя дуб был бы лучше.

Теперь, направляясь на восток, обойдите вокруг дерева три раза, постоянно повторяя во время движения имя Вашего возлюбленного. Закончив, уходите не оглядываясь.

Выложите круг из камней, каждый из которых должен быть приблизительно размером с картошку. Круг должен быть полметра в диаметре. В центре круга разведите огонь. Возьмите деревяшку толщиной 4–5 см и длиной около 30 см. Вырежьте имя вашего возлюбленного(-ой) на этой деревяшке. Когда огонь хорошо разгорится и начнет успокаиваться, положите эту деревяшку поперек вашего костра в направлении с востока на запад. Пусть огонь охватит дерево и оно будет гореть, на протяжении всего этого времени смотрите на него и воображайте, что любовь вашего возлюбленного(-ой) по отношению к вам все возрастает. Не ворошите костер, пусть ваша деревяшка лежит на самой верхушке костра, пока он горит. Когда деревяшка прогорела почти наполовину, посыпьте на нее немного сахару по всей длине и назовите имя вашей любви. Вы увидите, что сахар заставит деревяшку вновь вспыхнуть. Повторите

все это — посыпание и произнесение имени — всего семь раз. Не торопитесь. Потребуется столько времени, сколько надо, чтобы сгорела вся деревяшка. Когда деревяшка, наконец, прекратит гореть и ничего не останется, кроме горячего пепла (но не ранее!), залейте костер холодной водой, чтобы погасить его окончательно.

На любовь.

Если любит, то признается в любви, если нет — то совсем отойдет от вас.

Все должно быть проделано в один и тот же час в семь следующих друг за другом пятниц, начиная с ближайшей к полнолунию (прежде чем луна достигнет полного размера, а не после этого). Возмите розовую свечу и нанесите на нее семь колец (круговых отметок ножом) на равном расстоянии друг от друга. Таким образом, свеча окажется поделенной на семь частей. Зажгите ее и произнесите имя любимого. Затем скажите:

Гана, будь со мной во всех моих делах,
Жажду встретить настоящую любовь.
Пусть любимый выразит в словах
Как кипит от страсти в жилах кровь.

Повторите заклинание три раза. Пока свеча не догорит до первой отметки, думайте как любимый(-ая) придет к вам. Затем погасите свечу пальцем (не задувая) и отложите до следующей недели.

В последнюю неделю дождитесь, пока она сгорит до конца.

Чтоб иметь много поклонников

Из куска розовой материи смастерите мешочек на задергивающейся веревочке приблизительно 6x12 см. На одной стороне мешочка вышейте свои инициалы (или полное имя). На другой стороне – сердце. Эта вышивка должна быть сделана красными шелковыми нитками. Внутрь мешочка положите один большой желудь и два маленьких (по числу поклонников на настоящий момент).

Каждое утро, едва проснетесь, идите в лес и подбирайте первый желудь, который вам попадется. Положите его в мешочек вместе с остальными. Продолжайте делать это до тех пор, пока у вас не окажется восемь желудей – один большой представляет вас, а семь других – ваших семерых поклонников. Собирать желуди надо по утрам, до того, как Вы попили или что-нибудь съели.

Каждую ночь, с самой первой, спите с этим мешочком под подушкой. В течение дня носите его подвешенным на красной ленте таким образом, чтобы он был под одеждой и прилегал к коже (или между грудей или между ног). В течение трех дней, закончив сбор желудей, вы начнете сбор новых поклонников. В конечном итоге у вас их будет семеро. Если вы решите, что вам надо остановиться на шести, пяти или меньшем количестве, то просто прекратите носить мешочек.

Нужно раздобыть ботинки (туфли) возлюбленного(ой) и поставить их у себя над кроватью. Это привлечет владельца к вам в кровать.

Если набросить простыню на собак во время случки, а затем эту простыню обернуть вокруг женщины (или мужчины), то он (она) охотно отправится с вами в постель.

Сделать фигурки, мужскую и женскую, из соломы или из тряпок. Дать им имена (окрестить): одной – свое, а другой – своего (-ей) возлюбленного(ой). Затем связать их вместе. Этим Вы свяжете вас вместе. При изготовлении куколок нужно вложить в них что-либо из вещей, принадлежащих человеку, которого представляет куколка. Внутрь тряпичных куколок добавляют розовые лепестки, лаванду, вербену, майоран, гвоздику, желуди, фиалковый корень. Крестят куколок у реки или чана с водой.

На нее брызгают водой и дают имя со следующими словами:

>Кон си тиро мамус?
>Кон си тиро дадрус?
>Гана та Херне.
>Тиро таы си (имя);
>Мук лес си
>Та джеп са Дуввеп.

Так для каждой куклы. Затем связать вместе красной лентой. После этого куколок убрать в надежное место.

Рунный ритуал

Руны древний кельтский магический алфавит, который очень часто применяется в северной ритуальной магии.

Взять красную большую свечу, на ней рунами написать имя привораживаемого.

Соответствие рун – буквам:

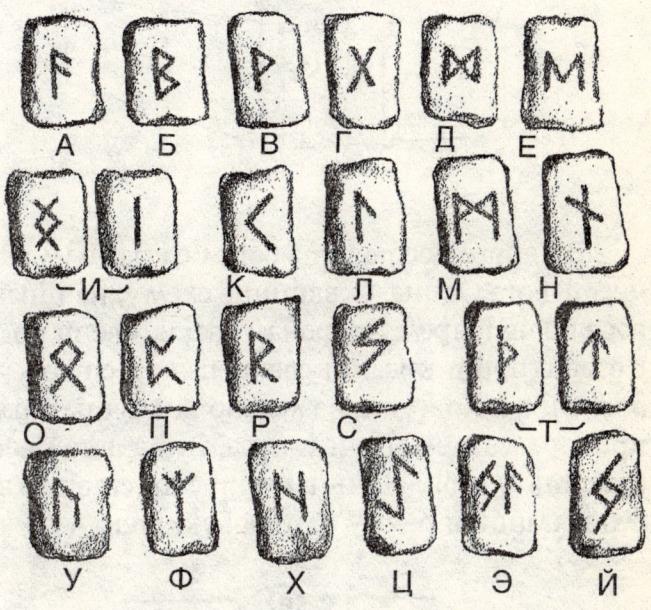

Приготовить еще 10 обычных восковых свечей. Свечи расставить по схеме в форме молота Тора:

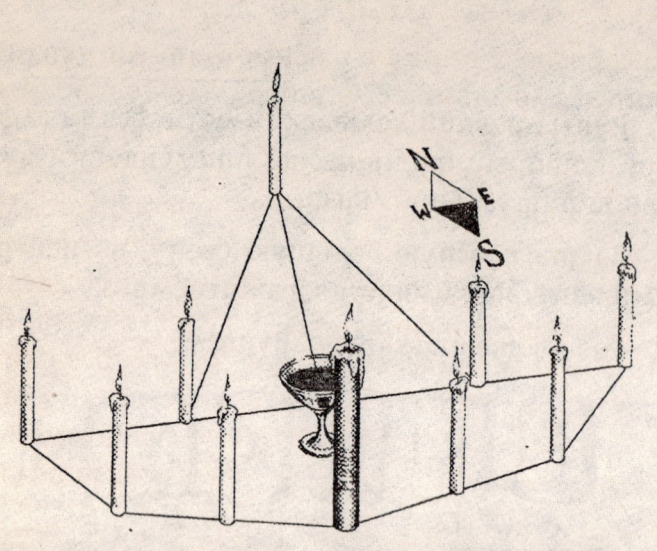

В центр поставить бокал с красным вином в честь бога Одина. Освятить схему, начиная с севера по четырем сторонам света. Свечи поджечь. Когда сгорит красная свеча, взять с нее кусочек воска и подложить на место жилья или работы привораживаемого человека. Остальной воск оставить у себя. Ночь вино пусть стоит, затем его вылить в речку или любую текучую воду.

Яблоко для Адама

В пятницу до восхода солнца выйдите в сад. Яблоко не должно быть покупное, его нужно самой сорвать с ветки в предрассветный час. Выберите самое лучшее, которое сможете отыскать. После этого возьмите маленький кусочек бумаги и напишите на нем кровью имя и фамилию того человека, любви которого вы добиваетесь. Можно воспользоваться менструальной кровью или кровью из указательного пальца. Добудьте 3 волоса своего возлюбленного, соедините с тремя собственными волосками и обвяжите ими свернутую в трубочку или квадратик бумажку с написанным кровью именем Вашего желанного. Яблоко разрежьте пополам,

выньте из него сердцевину с косточками и вместо нее положите свою записку. Сердцевину желательно в саду прикопать и постараться, чтоб из семечек проросли деревца. Тогда вас никто никогда не сможет никакими заговорами разлучить. Вас охранять будут деревья. Далее, соедините обе половинки в одно яблоко, а чтобы они не распались, остро наточите две палочки и проткните ими обе части яблока. Затем это скрепленное яблоко положите в укромное место до высыхания. Когда это произойдет, заверните его в любые большие листья деревьев и подсуньте в изголовье кровати своему возлюбленному.

Взять в руки по свече восковой. В левой руке будет свеча женского рода, в правой — мужского. Каждой из них сказать:

Нарекаю тебя именем своим и возлюбленного(-ой).

При проведении обряда должна присутствовать икона, покровительствующая вам. Дальше свечи свернуть по часовой стрелке и поставить на твердое основание перед иконой. Затем поджечь и дать догореть. Пока горят, читать приворотный заговор (какой больше нравится). Воск после обряда прибрать в надежное место.

На деревяшке нарисовать пентаграмму в круге. В кончики вставить иголки с ушками (перед этим подержать их над свечей). Через ушки продеть черную нитку. Взять светлый

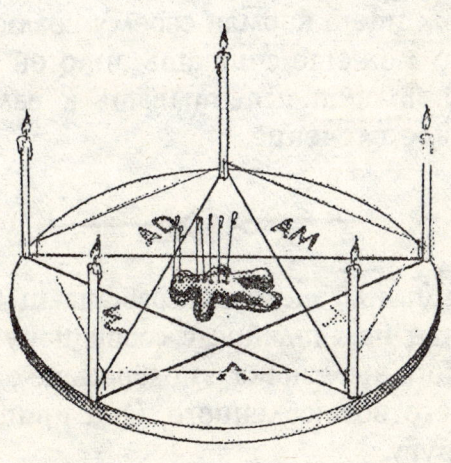

пчелиный воск и слепить 2 фигурки людей (мужчину и женщину). Можно добавить волосы и ногти от этих людей. Наречь их именами. Положить друг на друга и поместить в центр пентаграммы. Затем зажечь свечи. Взять спицы, накалить над свечами и по чакрам проткнуть сразу двоих. После обряда охладить и переплавить. Для усиления эффекта можно проделать обряд перед зеркалом.

Иметь при себе в кармане желудь в тот момент, когда вы встречаетесь со своим возлюбленным, означает опасную игру. Желуди являются символом сексуальной любви. Если вы возьмете с собой на свидание желудь и незаметно подложите в карман своему возлюбленному (-ой), то можете считать, что он (она) ваш. Он (она) станет испытывать к вам большое сексуальное влечение.

Магнитный железняк работает для любви. Принесите на свидание с собой пару кусочков магнитного железняка и подбросьте один в карман вашего возлюбленного. Они притянут вас друг к другу.

Ритуалы для сохранения семьи

Чтобы ваш возлюбленный был верным только вам

Возьмите красную шелковую ленту. Ее длина должна быть равна длине его пениса в состоянии эрекции. Как это определить (будет он это знать или нет), решать вам. Положите ленту под подушку, и пусть она там лежит, пока вы совершаете половой акт. Затем, когда он заснет, достаньте ленту и завяжите на ней семь узлов. Предполагается, что каждый узел соответствует одному дню недели, хотя число семь имеет магическое значение. Он будет оставаться вам верен, пока вы будете хранить эту ленту в надежном месте с неповрежденными узлами.

Для сохранения любви

Возьмите цветочную луковицу от любого цветка (тюльпан, гиацинт, крокус). Посадите ее в саду или в цветочном горшке. Если это горшок, то он должен быть новым, ранее не использованным. Когда сажаете, произнесите семь раз имя вашего возлюбленного. Осторожно опустите луковицу в землю и заройте ее, как будто укрываете одеялом свою любовь. На протяжении всего времени, которое требуется для развития луковицы, роста и цветения, хорошо заботьтесь о растении. Каждый день, стоя над ним, говорите три раза:

Я отдам мое сердце любви.

Цветок растет, так же будет расти и ваша любовь, до тех пор, пока не распустится во всей своей красе.

На верность супруга

Возьмите две крупные картофелины и очистите их. Разрежьте вдоль на две части. Вы используете только одну половину от каждой картофелины, так что другие половинки вам не нужны. Острым ножом нацарапайте на одной половинке свое имя. На другой — имя супруга. Приложите половинки одна к другой срезами, как будто это одна картофелина. Вбейте в нее новый трехдюймовый гвоздь, шляпкой гвоздь должен быть на стороне супруга, а острием — на вашей стороне. Перевяжите все это красной шелковой нитью. При свете луны (прибывающей) пойдите в сад или же найдите место, где закопаете картофелину на глубину примерно 20 см.

Сколько времени картофелина будет там лежать, столько же времени будет спокойным ваш брак. Затем можно повторить.

Привнести утерянную любовь

Обряд исполняет третье лицо.

Взять у каждого нижнее белье (желательно потное). Все это сложить вместе и завернуть в чистую белую материю. На берегу реки выкопать ямку и на дно положить этот сверток, поверх него — белое яйцо и красную розу, а также желудь. Затем ямку зарыть. Каждое полнолуние в течение трех месяцев танцевать на месте погребения вещей. До начала и после окончания танца ярко представлять возродившуюся любовь у этой пары.

Вернуть любовь паре

Найдите хорошо отпечатавшийся след, оставленный вашим супругом, и выкопайте осторожно землю, которая несет его на себе. Положите землю в цветочный горшок и добавьте еще земли, если это необходимо. В этот горшок посадите ноготки (календулу). За ними вы должны потом бережно ухаживать. Когда расцветут ноготки, тогда расцветет и ваш брак. Для усиления можно взять еще собственный отпечаток ступни и смешать с отпечатком ступни супруга в горшке.

Для восстановления мира между супругами

С головы супругов нужно срезать по пряди волос в фазе растущей луны. Сложить две пряди вместе и связать их красной шелковой нитью. Завернуть связанные волосы в небольшой кусочек белого шелка и закопать на перекрестке.

Если по понедельникам вы будете бросать небольшую горсть соли на огонь семейного очага (плиты), то удержите вашу семью вместе и сможете наладить любой разлад.

Если катать колесо по большому кругу вокруг вашего дома, раз в месяц в период новолуния по часовой стрелке, то это обеспечит единство в вашей семье.

Если взять по пряди волос от каждого члена семьи, и завернуть в большой лист от дуба, и перевязать волосами матери, а затем закопать около ствола дуба, то это обеспечит крепость семейных уз.

Если взять обрезки ногтей от каждого члена семьи, завернуть их в лист вяза или боярышника, а затем закопать их у соответствующего листу дерева, то вы обеспечите единство в семье.

Омела является покровительницей и символом любви. Поцеловаться под омелой – значит скрепить свою любовь печатью. Она дает обоюдную верность.

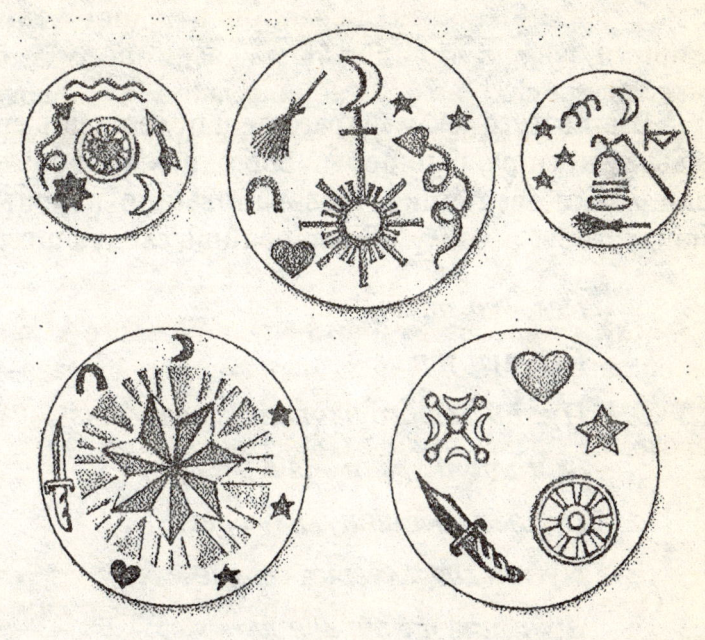

Амулеты

Здесь для Вас магические ритуалы, которые Вы сможете использовать для изготовления амулетов — магических предметов, которые носят с собой для постоянного, непрерывного воздействия.

Взять кусочек мандрагоры и подержать его в дыму костра, в который бросали ветки ольхи или можжевельника. Поворачивайте коренья мандрагоры в дыму и повторяйте следующее:

Йек, дуи, трин,

Йек, дуи, трин,

Пусть с этого начнется моя удача,

Защити и храни меня все дни,

Принеси истинную любовь,

Пусть возрадуется сердце мое,

Шун, дик, те риг дре зи.

Положите кусочек мандрагоры в зеленый шелковый мешочек, который можно будет повесить на шею.

Магический обряд с обычными камушками

Вы и ваш возлюбленный находите на берегу реки, моря (или где вы живете) по небольшому, чем-то приглянувшемуся вам камушку.

Промываете его и высушиваете. Затем красной краской наносите с одной стороны инициалы вашего возлюбленного, а с другой – свои. И обмениваетесь с любимым этими камушками. Это вас объединит. Носите их непрестанно при себе.

Любовный талисман

Готовится в пятницу накануне новолуния. Лучше его делать из золота, можно меди или очень старой истертой монеты.

На лицевой стороне выгравируйте острым предметом:  а на обратной стороне:

В ночь полнолуния промойте талисман, положите на ладонь левой руки. Подуйте на нее семь раз и поднимите вверх к луне, чтобы на талисман упал свет луны. Громко семь раз произнесите имя возлюбленного. Затем поцелуйте талисман и повесьте себе на шею. Этот талисман будет хранить любовь до самой вашей смерти.

Для удачи в любви

Для удачи в любви можно сшить маленький мешочек из розового шелка или замши. В него нужно положить розовые лепестки, желуди, кусочки янтаря, корицу, две цветочные луковицы, фасолину, кусочек фиалкового корня и серебряную (для женщин) или золотую (для мужчин) монету. Мешочек носить на теле.

Цыганский любовный амулет

Найдите круглый гладкий плоский камень. Промойте в речной или колодезной воде и дайте просохнуть. Затем краской или лаком для ногтей нанесите на одной его стороне инициалы или полный имена влюбленных. На другой стороне нарисуйте:

Все это нужно проделывать в период растущей луны. Это старый традиционный любовный рисунок цыган. В период полнолуния выйдите на улицу и положите камень на землю, вверх той стороной, где написаны инициалы. Острым ножом разрежьте палец и дайте капле крови упасть на камень. Возьмите камень на ладонь левой руки и поднимите его вверх к свету луны. Через некоторое время поверните камень другой стороной и вновь подержите. Затем возьмите камень в правую руку и приложите к сердцу. Посмотрите на луну и скажите:

Мандис ратти катэ тэ манди

Пирамии. Менди дуи си йек.

Камень следует положить под подушку до следующего полнолуния, а потом носить при себе или же хранить в надежном месте.

Это один из мощных талисманов, чтобы вы были вместе с любимым, связанный с кровавой клятвой.

Очень важно знать язык камней. Камни долго хранят информацию, заложенную в них и вы сможете с таким камнем передать свою любовь партнеру или партнерше. Чтобы сделать камень своим, положите камень на ладонь левой руки и почувствуйте энергию, идущую из космоса через камень к Вам в сердце.

Рунный любовный талисман

На счастье в любви можно сделать талисманы на круглых плоских дисках из золота, серебра, меди или дерева.

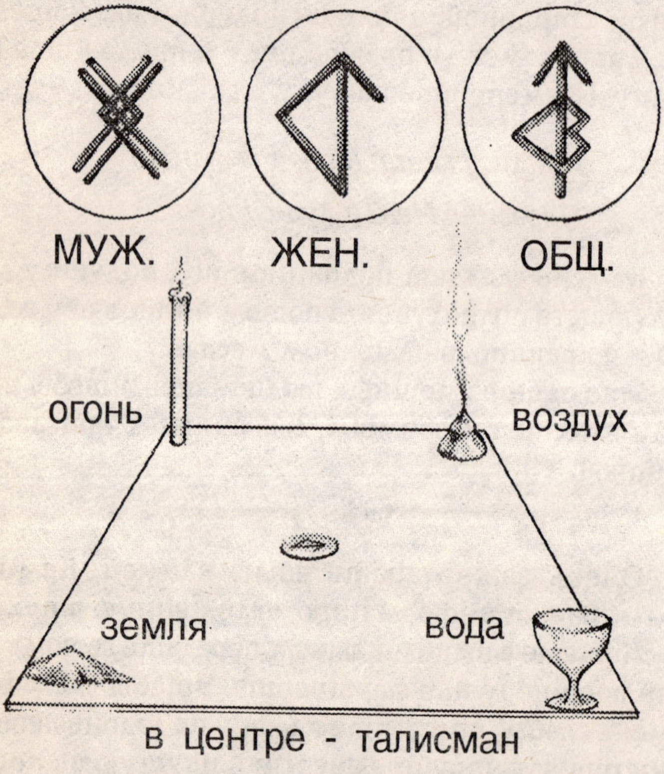

МУЖ.   ЖЕН.   ОБЩ.

огонь — воздух

земля — вода

в центре - талисман

Талисманы нужно обрядово освятить в четырех стихиях по схеме.

В каждом углу квадрата в соответствии со стихией расставить указанные предметы, свечу и благовония разжечь. По три раза на каждую стихию произносят:

— Я освящаю тебя Силой Духа Огня — *на свечу.*

— Я освящаю тебя Силой Духа Воздуха — *на благовоние.*

— Я освящаю тебя Силой Духа Воды — *на бокал с водой.*

— Я освящаю тебя Силой Духа Земли — *на соль.*

В конце произнести:

— *Да будет так именем Одина.*

Примерно через час талисман можно взять из центра и пользоваться им.

Танец любви

Этот танец совершает влюбленная пара в ночь полнолуния в теплую летнюю пору. Пара, обнажившись, должна семь раз протанцевать вокруг большого дуба. Причем, женщина должна убегать, уворачиваться от мужчины, а он должен пытаться ее догнать. На седьмом круге мужчина заключает ее в объятия, целует ее, и они предаются под этим деревом любви.

После этого оба срывают по листочку с дерева и смачивают их любовной жидкостью. Затем зашивают их в матерчатый мешочек и носят как талисман. Считается, что эти листочки обладают большой энергией – энергией любви и безумного наслаждения.

В конце ритуала влюбленные выпивают по очереди из принесенного с собой сосуда любовного зелья, приготовленного заранее из растений или меда, которые повышают половую потенцию, или просто бальзама на травах и читают заклинание:

Как счастливы мы были:
Любви нектар испили.
Под деревом любили,
Друг друга исцелили,
Любовью окропили.
Чтоб это не забылось,
Навек соединилось,
Навек соединилось,
Так вечно продолжалось,
Как дым не испарялось!
Аминь! Аминь! Аминь!
Все, что не любит, стынь!

Зеркала в любовной магии

В ритуальной магии широко используются зеркала. Зеркало издревле считалось предметом магическим, и у некоторых народов зеркала были даже запрещены. Здесь вы найдете несколько интересных любовных ритуалов с использованием зеркал.

Вам понадобится маленькое зеркало — то, что женщины носят в сумочке. Возьмите свою фотографию и поставьте ее за зеркало. Затем возьмите фотографию того человека, который, как бы вам хотелось, думал о вас, и поместите ее лицом от себя на переднюю поверхность зеркала (чтобы обе фотографии смотрели друг на друга, но между ними находилось зеркало). Заверните все эти три предмета в красную бумагу или материю и надежно скрепите, чтобы они не распались и фотографии не отошли бы от зеркала.

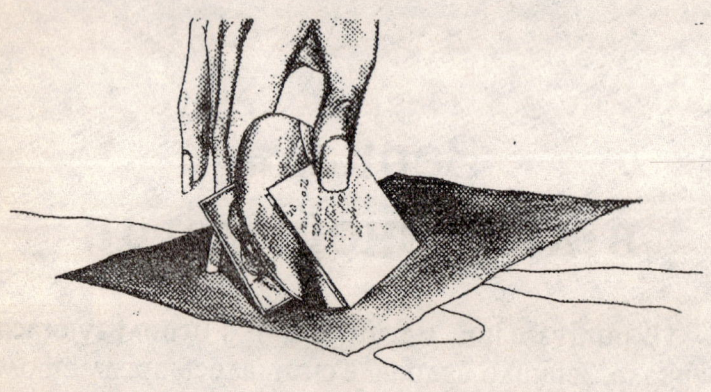

Принесите сверточек к дому того человека и спрячьте его там, но так, чтобы нельзя было обнаружить. Лучше сверток спрятать в доме нужного вам человека, но если нет возможности, то храните его в своем доме.

Увидеть суженого

Сесть перед трельяжем в ночной сорочке и распущенными волосами. Зажечь 2 свечи и поставить пред зеркалами. В комнате должно быть темно и тихо. Проговорить 3 раза:

Суженый мой, ряженый,

появись, покажись.

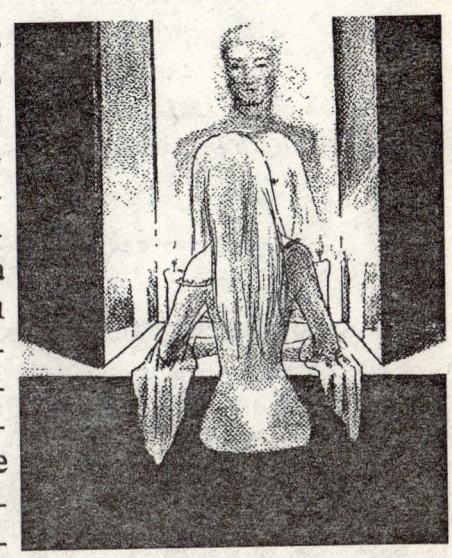

И начинайте вглядываться в даль зеркального коридора. Там появится сначала неясная фигура и будет двигаться навстречу вам. Когда разглядите черты лица своего суженого, быстро закройте створки боковых зеркал, не давая взгляду образа суженого поймать ваш взгляд (Поверьте, это очень важно!).

Навести красоту, заставить мужа полюбить себя вновь

Каждое утро, умываясь, смотрите внимательно в глаза отражению в зеркале и три раза произносите, сплевывая, каждый раз через левое плечо:

*Как люди смотрятся в зеркало,
Так бы муж смотрел на жену
Да не насмотрелся,
А мыло сколь борзо смоется,
Столь бы скоро муж полюбил;
А рубашка какова на теле бела,
Столь бы муж был светел.*

С помощью зеркала (непременно небольшого и круглого) можно освободить себя или кого-то из близких от состояния изматывающей тревоги или, как говорят в народе, маеты. Мало найдется людей, особенно сегодня, кому такое состояние незнакомо... Сделайте следующее. Внимательно глядя в глаза своему отражению, произнесите заговор:

Не томи, не май сердце, не хватай маета, тяжкие вздохи, пустые переполохи. Не рви ретивое сердце надвое. Все пустое. Отойди печаль в зазеркальную даль. Не щепи, не коли, сердца маетой не рви, отпусти. Все пустое. Отойди печаль в зазеркальную даль. Не щепи, не коли, сердца маетой не рви, отпусти. Все пустое. На зыбкое стекло, на ветер, на лес, на траву сухую, на трубу печную, как дым в ветре расходится, тает, так сердце маета пусть оставит. Аминь.

После этого зеркало нужно обернуть тканью и убрать с глаз долой, подальше.

Снять родовое проклятие

Есть особая категория людей, которым не везет практически всю жизнь и чуть ли не во всем: личные взаимоотношения с другими людьми и возможными претендентами на брак разваливаются; деловые начинания срываются; дети — конфликтны. Все эти признаки, если они носят систематический характер, свидетельствуют, что над человеком довлеет проклятие. Не исключено, что даже родовое: кто-то из предков тяжко согрешил, а расплачиваются за это потомки вплоть до седьмого колена.

Особенно сильно родовое проклятие проявляет себя на старших или единственных в семье детях. И только с помощью зеркал от этого несчастья можно избавиться. Причем это единственный обряд с зеркалами, который не только рекомендуется совершать после захода солнца, но начинать следует ровно в полночь!

Берут два зеркала. Одно ставят перед собой, другое – за собой. Возьмите затем в руки восковую свечу, зажгите ее и читайте заговор, глядя на свое отражение:

— *Ночь черная, зеркало темное, отрази от меня слово злое, проклятье людское, знак адовый.*

— *Прошу по первому разу.*

— *Ночь черная, зеркало темное, отрази от меня слово злое, проклятье людское, знак адовый.*

— *Прошу по второму разу.*

— *Ночь черная, зеркало темное, отрази от меня слово злое, проклятье людское, знак адовый.*

— *Прошу по третьему разу. Аминь.*

После этого сразу же необходимо умыться святой водой и утереться собственным нижним бельем — например, подолом рубашки. Выйдя из окружения зеркал, дождитесь, чтобы свеча прогорела.

Уберите все, кроме огарка: наутро его следует завернуть в бумажку и закопать под любым деревом, предварительно начертив на бумажке крестик. В первое же воскресенье после обряда идите в храм и поставьте три свечи Спасителю, три — Богородице, три — Святому Духу, три — Святому Пантелеймону.

Всего свечей должно быть 12. После этого нужно горячо и искренне поблагодарить Бога за снятое проклятие.

А вообще, за исключением только что описанного обряда, почти во всем мире считается дурной приметой увидеть в зеркале свое отражение при свечах.

Несколько наиболее распространенных примет, связанных с зеркалами

— Разбить зеркало — к потере близкого друга или семь лет бедствовать.

— Разбилось зеркало само, почему-то упав со стены, — к чьей-то скорой смерти.

— Нельзя смотреться в течение семи дней в зеркало, висящее в комнате недавно умершего человека: можешь стать следующим кандидатом на тот свет.

Магические обряды по поддержанию красоты

Чтобы надолго сохранить красоту и очарование юности. Красота – лучший приворот.

Нужно умываться ежедневно ранней утренней росой. Росу не собирают, а мочат руки в росе и протирают ими лицо. Можно всей валяться в росе.

Яйцо разделить на желток и белок, последний взбивается. Затем его наносят на лицо и шею и дают высохнуть. Через 15 мин. смыть водой (лучше из бегущего ручья). Желток выносят и закапывают у розового куста.

Женщина купается обнаженной при свете полной луны. На протяжении всего купания она должна внимательно следить за луной. Если на луну найдет облако – это плохой знак. Если же луна остается чистой на протяжении всего ритуала, тогда женщина день ото дня будет становиться все краше и краше. Во время купания женщина говорит:

Луна, Луна, красавица Луна,
Взгляни на меня, улыбнись мне.
Луна, Луна, красавица Луна,
Подари мне красоту на много лет.

Если женщина отрежет прядь волос и закопает их у ствола ивы, то волосы будут быстро расти, будут блестящими, красивыми.

Волосы стричь нужно в период новой луны, тогда они будут быстро расти. Если их стричь на ущербную луну — они будут расти медленно

Обряд поможет вам стать красивее и покорить вашего возлюбленного. Возьмите платок, выйдите с ним на улицу и произнесите наговор. После этого вернитесь домой и утрите этим платком лицо.

Встану, благословясь, выйду, перекрестясь, из избы дверьми, из двора воротами, выйду на широкую улицу, стану на восток хребтом, на запад глазами. На западной стороне там сидит обрученный Иосиф. Смотрит на Матерь Божию. Смотрит на нее, не насмотрится, любуется-не налюбуется. Пусть и на меня рабу Божию (имя) смотрит так же раб Божий (имя) не насмотрится, любуется-не налюбуется.

Обряд поможет привлечь к вам мужское внимание. Нужно наговаривать на кольцо или не крестик, после чего хранить вещь за пазухой или завернутой в платочек, никому не показывая.

Собирайтесь, добрые молодцы, ко честному Христову празднику, да со всех сторон. как глядят на кресты, да на маковки, на мать Пресвятую Богородицу, на различный образ, так бы на рабу Божью (имя) глядели и смотрели молодые молодцы; так бы раб Божий (имя) глядел и смотрел; так бы раба Божья (имя) казалась ему краше красного солнца, чище чистого серебра, и будьте мои слова тверды и крепки, на веки нерушимы. Ключ – в воду, а замок – в руки.

Как сделаться женщиной умной, талантливой

В полночь нужно поймать соловья, зажарить его в масле кедровых орехов, посыпать пеплом цветущего папоротника и есть в ночь на Ивана Купалу.

Заговор для красоты лица

Я встала, благословясь, пошла, перекрестясь, из двери в двери, из ворот в ворота и во чисто поле. В чистом поле стоит престол, на этом престоле сидит ангел Господен и секет рассекает свой престол. Я подхожу к этому престолу и корюсь и молюсь. Господен Ангел, дойди до рабы Божией, до Иванова плота, до Серафимова рада и секи рассекай раб Божий (имя) белое бело, ретивое сердце, румяное лицо, что раба Божия (имя) не может жить без хлеба-батюшки, без соли-матушки, без огня палючего, без воды голубушки, без вечерней зари, без младого месяца, без красного солнышка, и казалось бы, я раба Божия всем побелело, побелее снегу белого, посветлее красного солнышка. Аминь. Аминь. Аминь.

Талисманы и обереги

Талисманы — это магические предметы, основная задача которых — непрерывно находясь при Вас, магически привлекать к Вам любовь, счастье, удачу, деньги, и т. д. Соответственно, в любовной магии применение талисманов более чем оправдано.

Как изготовить любовный талисман

Если найдете что-нибудь красное – это к удаче в любви. Увидев обрывок красной нитки, клубочек красной шерсти, красную пуговицу или что-то еще, подберите и носите с собой на счастье в любви. Это послужит вам талисманом. Когда наклонитесь поднять этот предмет, думайте о человеке, которого любите, и проговорите:

Красное – кровь моя,

Красное – сердце мое,

Счастье в любви.

Никто не в силах нас разлучить.

Считается большой удачей найти ключ. Любой ключ – хорошо, но старинный – особенно. Наклоняясь за ним произнесите слова:

Ключ к сердцу лежит на земле,

Ключ к сердцу — твоему и моему.

Тем ключом запру любовь твою в себе,

Тем ключом твое я сердце отомкну.

Когда произносите эти слова, думайте о человеке, которого любите, и о том, что вы вместе. Спите девять ночей с ключом под подушкой и носите его при себе днем. Потом положите в какое-нибудь место для сохранности.

Счастливый талисман

При приготовлении еды осторожно обращайтесь с горохом в стручках. Если случится вам найти в одном стручке семь горошин, сохраните его. Половину стручка поместите над главным входом в ваш дом, а другую половину держите в кофточке или еще где-то, но при себе. Первый представитель мужского пола, который войдет в ваш дом, немедленно почувствует влечение к вам и станет в конечном итоге тем, за кого выйдете замуж.

Обязательно повесьте подкову над дверью на счастье в доме. Этот лунный талисман — дар божий Дианы на любовь и счастье. Лучше, чтоб она была серебряная. Концы должны быть направлены вверх. Это поможет вам удержать счастье, если ее подвесить концами вниз, все счастье ваше убежит. Также маленькую серебряную подкову можно носить на браслете или ожерелье.

Мандрагора является сильным любовным талисманом. Если корешок разделить на половинки и взять каждому по кусочку, то пара будет неразлучна.

Фиалковый корень – это любовный талисман наподобие корня мандрагоры. Носят его при себе.

Из сухих ягод рябины сделать бусы – они являются любовным талисманом.

Если срезать накануне дня Ивана Купалы траву Ивана Купалы, то она становится сильным любовным талисманом. Оранжево-желтые цветки хранят в мешочке у сердца.

Вербену собирают в первый день новой луны до восхода солнца. Высушенные цветочки носят с собой или хранят под подушкой для удачи в любви.

Любовные бусы – магнит для противоположного пола. Для этого подходят семена подсолнечника и желуди. Соберите семена (для привлекательности можно добавить желтые зерна кукурузы и арбузные семечки). Замочите семена в теплой воде примерно на час, а затем просушите бумажным полотенцем. Возьмите иголку и двойную нить, хорошо подойдет суровая нить. Проденьте иглу через мягкую часть кукурузных зерен и сквозь острый конец арбузных семечек и семечек подсолнечника. Желуди придется предварительно просверлить. Это можно сделать при помощи шила, протыкая им желуди в середине. Семена можно покрыть прозрачным лаком для ногтей.

Любой камень, имеющий естественное отверстие, считается женским любовным талисманом и способствует плодовитости. Продолговатые камни с округлым концом, напоминающие фаллос, являются мужскими талисманами и также способствуют плодовитости. Камень должны найти вы сами.

Медь всегда приносит успех в любви.

Ягоды бузины высушить и носить как любовный талисман.

Веточку бузины срезать в свете полной луны, а затем разделить на семь частей. Это сильный любовный талисман.

Талисманы можно делать на серебряной, золотой или медной старинной монете, а также на соответствующих металлах (диски). Рисунки должны быть выгравированы в фазу растущей луны. Когда делаете изображение, представляйте любимого вами человека. На обратной стороне монеты начертайте имя вашего любимого и свое собственное. Если сможете, включите символы, знаки зодиака, даты рождения для придания личностных характеристик.

Серая сембра – секреция из внутренностей кашалота. Обладает большой способностью притягивать мужчину к женщине. Воздействует на мужчин как заклинание.

Лапка барсука вызывает любовную страсть. Держите ее ночью под матрасом, а днем носите в кармане.

Перья из хвоста петушка-драчуна носят как любовные талисманы мужчины. Они издалека притягивают женщину.

Если спрятать глаз вороны (ворона) под кроватью, то это пробуждает сексуальные страсти.

Тестикулы лисы, высушенные и измельченные, используются как возбуждающее средство. Правое яичко дается женщине, а левое — мужчине.

Кости лягушки, очищенные муравьями, считаются сильным любовным амулетом.

Хорошим любовным амулетом является клок шерсти с хвоста козла, который мужчина должен носить с собой.

Фасоль является сильным любовным амулетом для привлечения противоположного пола. Ее носят при себе постоянно.

Если заполнить красный холщовый мешочек сухими листьями и цветами розмарина, надеть под одежду и свесить над гениталиями, то это принесет вам скоро любовь.

Камни-талисманы

Многие природные материалы обладают естественными свойствами талисманов. Из них можно особо выделить драгоценные и полудрагоценные камни, магические свойства которых так сильны, что на их основе во все века делались самые сильные магические предметы.

<u>Горный хрусталь</u> нужно носить матерям-кормилицам — дети вырастут здоровыми и счастливыми. Камень женственности и изящества. Придает способность к более тонкому восприятию и утонченному вкусу. Обеспечивает успех в любовных интригах и романах, дарит счастье. Избавляет от дурных сновидений.

<u>Алмаз</u> черной воды полезен женщинам от бесплодия.

<u>Топаз</u> цвета червонного золота и оправлен должен быть в золото. Он приносит грандиозный успех во взаимоотношениях с женщинами. Женщинам помогает найти своего единственного любимого. Камень дружбы и верности. Ох-

раняет от измен, предостерегает от опрометчивых поступков. Особенно благосклонен для рожденных в ноябре.

<u>Изумруд</u> (нужно на нем выгравировать соловья или скворца) и оправить в платиновое кольцо. Поможет девушке до свадьбы сохранить целомудрие и защитит от любых насильственных к ней действий. Любовные сны у носящих этот камень бывают вещими. Женщина, носящая этот камень, получает дар предчувствования. Предугадывает поведение мужчины и просчитывает его действия намного вперед. Приносит обладателю счастье и радость.

<u>Гранат</u> приносит счастье в супружеской жизни. Камень необузданной страсти и пылкой любви. Придает женщине больше эмоциональности и смелости. Мужчины смотрят на нее с вожделением и жаждут ее внимания. Гранат усиливает гипнотические способности женщины. Его считают камнем веселья и хорошего настроения.

<u>Аквамарин</u> (берилл) цвета морской волны (на нем нужно выгравировать ящерицу или жабу). Если с этого камня напоить человека водой, взятой из ключа, то к обладателю камня напоенный привяжется навсегда. Придает женщине очарование матери, хранительницы семейного очага. Помогает женщине восполнить

энергию, которую она затрачивает на благополучие семьи. Придает ей особое обаяние в интимных отношениях с мужем.

Сардоникс кровавого цвета (на нем нужно выгравировать сокола или орла и оправить в золото). Принесет обладателю счастье, успех в любви, благополучие в семье.

Сапфир нежно-голубой (на нем нужно выгравировать овцу (жен.) или барашка (муж.) Предохранит от распущенности. Женщину делает серьезной и умной. Принесет счастье в семью и подарит вашим детям здоровье и разум. Девушкам нужно носить сапфир в серьгах, он им принесет хорошую судьбу.

Магнетит — дает способность обнаруживать неверность в парах. Символизирует силу притяжения. Женщина, носящая этот камень, притягивает к себе всех окружающих, в особенности мужчин. Ее притягательная сила завораживает. Приносит успех в денежных делах.

Рубин — если женщина будет носить его в кольце, надетом на мизинец левой руки, то принесет ей счастье и любовь.

Турмалин черного цвета (на нем нужно выгравировать цветы ромашки) — приносит счастье в семейной жизни, помогает поддерживать дружбу с нужными вам людьми, охраняет от несчастий. Камень подходит больше женщинам.

<u>Хризоберилл</u> – камень для мужчин. Приносит огромный успех в обществе женщин. Заставляет окружающих любить обладателя камня, даже если он очень некрасив.

<u>Шпинель</u> – женщинам, носящим его, приносит счастливую судьбу, мужчинам – счастливый брак.

<u>Хризопраз</u> (на нем нужно выгравировать льва и оправить в золото). Женщинам приносит успех в семейной жизни, девушкам – счастливую судьбу, мужчинам – большую сексуальную энергию.

<u>Гелиотроп</u> (на нем нужно выгравировать голубя) девушкам несет счастливое супружество, родителям – любовь и почет от детей.

<u>Жемчуг</u> – символ чистоты, искренности и великолепия. Его называют «слезами ангелов». Покровительницей этого камня считается Луна. Приносит удачу людям, родившимся под созвездием Рака. Но также может принести несчастье людям, родившимся под знаками Овна и Девы. Женщина, носящая жемчуг, становится интуитивной, чуткой и ранимой. Камень придает ей неземное, инопланетное очарование. Жемчуг охраняет душу от мук безответной любви.

Бирюза – это камень, олицетворяющий собой счастье и гармонию в отношениях между мужчиной и женщиной. Бирюза – защитник и хранитель всех влюбленных. Символ вечной, верной и неизменной любви, красоты, добра и доверия. Покровительница бирюзы Венера – богиня любви и женственности. Приносит счастье родившимся под созвездием Тельца, Весов, Скорпиона и Стрельца. Бирюза, подаренная любящей рукой, приносит счастье на всю жизнь. Подвеска с камнем бирюзы, сохраняет пылкость женского сердца до глубокой старости.

Янтарь – это солнечный камень. Это очень сильный амулет. Он защищает от колдовства, магических чар и дурного глаза. Увеличивает лмужскую силу и половое влечение у женщин. Является аккумулятором положительной энергии. Женщины, носящие янтарные украшения, всегда улыбчивы и общительны, к ним чаще подходят знакомиться на улице, у них мало врагов. Янтарь – камень тепла и света. Люди, носящие этот камень, согревают теплом своей души окружающих. Издревле янтарь считался целебным камнем, способным вытягивать болезни из человеческого тела и облегчать душевные муки. Благоприятен для родившихся под созвездиями Овна, Льва, Стрельца. Носить лучше в золотой оправе. Магические свойства янтаря усиливаются, если внутри камня есть замурованные представители класса паукообразных. Для увеличения магической силы камня, его необходимо раз в месяц перед новолунием погружать в хрустальный сосуд с талой водой и несколькими крупицами морской соли на несколько часов. Затем обсушивать на свежем воздухе. Если во время полнолуния посмотреть сквозь янтарь на ночную луну, то увидите лицо своей истинной любви.

Опал – это камень противоречивый. Он может служить причиной раздора между влюбленными, если один из них подарил его другому. С другой стороны – он вселяет веру в наилучший исход событий. Это камень сдержанности и холодности. Женщине, носящей украшения из опалов, он придает поистине королевское величие и создает вокруг нее ореол богини.

Халцедон – это камень чувственности и жизнерадостности. Разгоняет душевную слабость и уныние, придает уверенность в себе. Располагает сердце мужчины к женщине и наоборот. Иногда склоняет своего обладателя к безрассудным поступкам, его еще называют камнем-провокатором.

Алмаз – символ чистоты. Обручальные кольца с алмазом – гарантия долговечного брачного союза. Алмаз должен быть подарен или передан по наследству. Женщине придает очарование, благородство и достоинство.

Аметист – камень чувственности и скрытых эмоций. Аметист мужчины дарят женщинам, которых втайне любят. Это камень вечной молодости и красоты. Обладает способностью омолаживать. Прикладывая камень к морщинам, можно значительно уменьшить их количество. Если женщина хочет увидеть сон о своем любимом, то нужно положить под подушку аметист. Если его носит мужчина, то притягивает к себе женщин.

Гиацинт – это камень свободы и страсти. Раскрепощает в сексуальных отношениях. Навевает эротические фантазии и сновидения. Препятствует зачатию и способствует выкидышу. Придает женщине привлекательность и сексуальность. Сильно возбуждает мужчин.

Обереги

Что такое оберег — понятно из самого его названия. Его назначение — всячески оберегать своего владельца, противостоять беде и отводить ее.

Оберег от неприятностей вообще

Делается оберег просто. Специальный заговор, текст которого мы приводим, аккуратно пишется на чистом листе бумаги, складывается в три сгиба. Его должен постоянно носить при себе хозяин дома, глава семьи:

Ангел мой хранитель, спаситель мой, избавитель, спаси меня, сохрани меня, укрой плащаницей своей от врагов моих девяти девятижды, от взгляда Ирода и дел Иуды, от хулы, всякой напраслины, от острия в темноте, от яда в сосуде, от грома и молнии, от гнева и наказания, от звериного истязания, от льда и огня, от чер-

ного дня, а придет мой час последний, ангел мой, хранитель мой, встань в изголовье и облегчи мой уход. Аминь.

Для того, чтобы восстановить гармонию в семье, нужно сделать экибану: из 7 зубчиков чеснока, 7 листиков лаврового листа (он притягивает людей), нескольких веточек дуба (это долголетие), клевера (от колдовства и чертей), розмарина (помогает распознавать болезни и черную магию), ясеня (охраняет от змей и колдунов), рябины (приносит дому счастье). Можно добавлять и другие магические растения.

Если вам кажется, что рядом обладатель дурного глаза, подержитесь за что-нибудь железное. Ряд предметов из железа обладает более сильным защитным действием, чем сам металл — это нож, кинжал, топор, серп, замок, гвоздь, игла. Ключи широко использовали как амулет уже этруски и древние египтяне. Один из самых распространенных амулетов — подкова, она издавна считается символом женских половых органов, которые, как и изображение фаллоса, защищают от порчи и колдовства.

Травник – напитки и зелья

Путь к сердцу мужчины лежит через желудок — истина, конечно, почти неоспоримая. И, конечно, вкусная, здоровая, красивая еда — это совсем не плохо. Но ведь мужчину нужно еще как-то заловить, поймать в силки, он же еще не понимает, что ему же лучше будет. Для этого есть много замечательных средств: отвары, зелья. Любовные зелья ведьмы варили и варят со времен, откуда пошли сказки, мифы и предания до наших дней. Вся суть этой магии заключается в том, чтобы разбудить дремлющую сексуальную энергию, чуть-чуть задурманить рациональный разум и все это направить в нужное женщине русло. Иногда можно использовать в борьбе за внимание к вам мужчины алкоголь. Конечно, его не нужно поить так, чтоб ему было уже все равно — вы это рядом с ним или ваша бабушка. Алкоголь нужно употреблять в небольших дозах, как средство раскрепощения. А затем уже наступайте со всех флангов: интересный разговор о том, что волнует его, а не вас, игра взглядом, покачивание ножкой, случайные прикосновения, слегка приоткрытые ваши прелести, то есть известный всем женщинам с юности флирт. Лучше всего вашей цели послужат бальзамы на травах, ликеры, особенно мятный, можно заменить их хорошими винами, пивом, водку же и коньяк оставляйте на самый худший случай, если у вас больше ничего нет. Пить, в соответствии с магией, нужно мужчине и женщине одно и то же, единение начинается с мелочей. Но вообще, на такие случаи лучше готовить вам самой магическое зелье.

Зелья

Если вы готовите мясные блюда, то на порцию, предназначенную возлюбленному посыпьте нежного любистока. Сыпать траву нужно за десять минут до конца приготовления пищи.

Если сухой лавандой незаметно посыпать волосы на голове возлюбленного, то он всегда будет думать о вас.

Для возбуждения желания возьмите корень спаржи сладострастной, сварите его в вине и пейте сами или поите любимого семь дней подряд поутру.

Ягоды бузины собрать в ночь на Ивана Купалу. Из них можно приготовить вино или смешать с готовым вином и пить.

Семена папоротника используются в любовных зельях. Есть мужской и женский папоротники. От мужского папоротника семена используются для снадобья женщине и наоборот.

Собрать семена крапивы в конце августа. Смешать с толченым черным перцем (3:1). Это средство приворожит мужчину и вызовет в нем желание к вам.

Для того, чтобы возбудить мужчину, которому готовят пищу, в блюдо включите морковь, пастернак, огурцы и сельдерей. Эти овощи никогда нельзя резать поперек на кусочки, а только вдоль. Когда Вы их готовите – моете или чистите – сконцентрируйтесь на любимом мужчине и произносите заклинание:

Вот здесь – сила,

Вот здесь – сила,

Вот здесь – радость,

Вот здесь – радость.

Удовольствие приходит легко,

Удовольствие приходит охотно,

Удовольствие приходит.

Повторите это семь раз во время приготовления овощей и все это время воображайте вашего мужчину таким, каким бы вы хотели его видеть.

Если положить щепотку руты в еду, приготовленную вами, то человека, для которого это приготовлено, привлечет к вам сильно и романтично.

Любовные стимуляторы

Действие многих ведьминских зелий не было связано с какими-либо магическими причинами, а было основано на хорошем знании растений-стимуляторов любовного влечения. Но не переусердствуйте, помните, что на Востоке весьма распространена следующая поговорка: самым естественным половым стимулятором следует считать прекрасную женщину, страстно призывающую мужчину к наслаждению.

Кориандр

Немного кориандра, брошенного в стакан горячего вина, увеличивает страсть партнеров. 1 ч.л. котовника кошачьего, заваренного в 1 чашке воды и подслащенный медом обеспечивает тело ледичение с вашим партнером на всю ночь.

Корень цикламена

Перемешивают с вином и используют как любовное зелье.

Жасмин

Возбуждает как женщин так и мужчин.

Белена

Также используется для любовных зелий и для окуривания, но очень в малых количествах, так как она ядовита.

Лаванда

Является стимулятором любви. Незаметно подсыпьте лаванду на постель своего возлюбленного и вскоре он будет ваш.

Лук-порей

Сильно возбуждает мужчин и используется в любовных зельях.

Варенье из рябины

Является возбуждающим средством.

Морковь

Является сильным возбуждающим средством. Ее мелко рубят и подают в вине.

Корица

Добавляют в пищу, желательно вечером. Вам будет обеспечена ночь удовольствий.

Анис

Жевание корня или употребление отвара укрепляет возможности мужчины.

Бананы.

Два-три свежих съеденных бананов в день существенно повышает потенцию мужчин.

Семена репы

Лучшими являются красные. Они усиливают половую функцию. Вызывают ветры. В виде лекарственных кашек устраняют вредное действие ядов. Испытано. Если кто-нибудь съест семян репы или разотрет их и выпьет, у того окрепнет половой орган. Но они вредны для селезенки. Их вредное действие устраняют семена дыни. А доза их на прием - 2 драма. Они весьма полезны при сильных болях в животе и колике.

Дикая морковь

Это желтые корневища. А лучший вид тот, который толстый и крепкий, чистый и здоровый. Усиливает половую потенцию, укрепляет силу души. А также укрепляет и половой орган. Доза ее на прием - 2 грамма, но она вредна для желудка. А заменителем является ятрышник. Лучше всего настаивать ее на меду.

Семена спаржи

Лучшим видом является огородный. Делает обильным семя и усиливает половую потенцию. Обладает открывающими свойствами. Но они вредны для селезенки. Их вредное действие успокаивает мед. Они также открывают мочу при задержке. Испытано.

Семена дыни

Лучшим видом является сладкий. Они очищают кишечник и усиливают половую потенцию. Они делают обильным женское молоко. И чрезвычайно укрепляют половой член.

Семена огородной петрушки

Они открывают мочу, вызывают месячные, но и закупорку почек. Полезны для печени. Помогают также при отрыжке вследствие пресыщения. Если семена петрушки растолочь, смешать с равным количеством сахара и бычьей желчью и пить в течение 3 дней, то очень усилит половую потенцию. Но пищей должно служить мясо жирного петуха. А заменителями является дикая петрушка и, в половинной дозе — горькая полынь.

Смешать по 10 частей горянки и спаржи, истолочь в порошок и пить с любыми напитками 3 раза в день. Сильнодействующее средство при утерянном половом чувстве.

Смешать 10 частей горянки, 5 частей лакрицы и 3 части имбиря, измельчить и принимайте по 3 ч.л. в день. Также сильнодействующее средство при половом бессилии.

Отвар из пророщенной пшеницы повышает потенцию.

Семена тыквы молоть с мёдом в соотношении 1:1 и съедать по 1 ч.л. 4 раза в день. Это чрезвычайно укрепляет половую деятельность.

Для упругости члена нужно делать настойку из любистока. Взять корень любистока и настоять его в течение месяца в 1 л настойки. Затем добавить 2–3 листа мяты перечной, 3 г коры дуба, кусочек свежей коры вербы, 400 г ядер грецких орехов, горсть изюма. Все настоять еще 1 неделю, процедить и разбавить 1 л коньяка. Пить по 20 мл перед ужином в течение 1 месяца.

Возбуждающие напитки

На том же принципе основано действие возбуждающих напитков, хотя они гораздо более романтичны. Один факт того, что вы приготовили такой напиток к моменту встречи собственноручно, о многом скажет мужчине.

Любовный напиток «Женьшеневый»

Взять 1 ч.л. женьшеня, 1 ч.л. ореха колы, 1 ч.л. имбиря, 1 ч.л. натуральной ванили, 1 ч.л. лимонного сока, добавить в получившуюся смесь 3 ч.л. настойки фейхоа, мед по вкусу, сок 1 лимона и 1 ст.л. кленового сока, потом положить туда щепотку острого красного перца. Все это поставить на 3 дня в холодильник. Нельзя пить в один прием больше, чем полстакана.

Любовный напиток «Миндальный»

Взять 1 ст.л. тертого миндаля, 1 ст.л. пивных дрожжей, 1 ст.л. кунжута, 1 ст.л. меда, 1 ст.л. пророщенных зерен пшеницы, 1 ст.л. экстракта ванили, корицы по вкусу. Выдержать в холодильнике 3 дня. Нельзя пить в один прием больше, чем полстакана.

Любовный напиток «Ликерный»

Взять 1 литр белого вина, 1 стакан апельсинового сока, 1/4 стакана лимонного сока, 1 десертная ложка коньяку, 1 дес.л. ликера Кюрасао (или похожего), 2 ст.л. меда, 1 ч.л. кардамона, 1 ч.л. пряностей, немного свежих листьев мяты. Настоять 3 дня, профильтровать.

Мускат

В 1 ст. сладкого муската добавить 30 г. корицы, 30 г. женьшеня, 30 г натуральной ванили. Настаивать 15 дней, ежедневно взбалтывая. Затем процедите и добавьте 15 кап. душистой амбры.

Грог «Мечта»

Взять 1/2 стакана рома или коньяка, 1 стакан красного сухого вина, 1 веточку (сухую) можжевельника, 1 кусочек сахара. Сухое вино смешать с измельченной веточкой можжевельника и прогрейте до 70-80°С, настоять на водяной бане 10-15 мин. Раствор процедить и смешать с ромом или коньяком, добавить сахар, нагреть и разлеить в высокие тонкостенные бокалы. Пить горячим. К грогу подавайте только фрукты.

Грог «Сказка»

Возьмите 1 ст. минеральной воды, 1 ст. рома или коньяка, 1 ст.л. фруктового сиропа, 2 кусочка пищевого льда.

В высокие тонкостенные бокалы положите кусочки льда, налейте охлажденную минеральную воду, затем – фруктовый сироп, смешанный с коньяком или ромом, и сразу подайте к столу.

Напиток «Восточная тайна»

Взять 3 ч.л. свежесмолотого кофе, 2 стакана воды, 1 стакан вина (любого), по 1 ч. л. меда, сахара, сухих соцветий календулы. Кофе смешайте с календулой, засыпьте в горячую воду, добавьте сахар и быстро доведите до кипения. Разлейте в кофейные чашки и добавьте мед. В качестве растительных добавок можно использовать цветы цикория, одуванчика, василька.

Напиток «Ночной антракт»

Взять 1 ст. л. сухого чая, 1 ст. л. растворимого кофе, 3 стакана воды, 1 стакан молока, 1 ч. л. сухой мяты перечной. Все смешайте (кроме молока), залейте кипящей водой и дайте настояться 10 мин. Отвар процедите, смешайте с горячим молоком.

Напиток «Эликсир любви»

Взять 1 ст. л. молотого кофе, 1 ч. л. сухой душицы, 1 ч. л. сухих листьев лимонника. Все залейте 2 стаканами горячей воды и доведите до кипения. Снимите с огня и дайте настояться 5 мин. Процедите и смешайте с сахаром.

Напиток «Взрыв страстей»

Взять 1 яблоко, 1 ст. л. ромашки аптечной, 1 ст. л. сухих листьев смородины, 1 ст. л. тертой редьки, 1 ст. л. сухих листьев одуванчика, 1 стакан сахара, 3 стакана воды. Все смешайте, залейте горячей водой, доведите до кипения. Снимайте с огня и дайте настояться 15-20 мин. Процедите.

Напиток «Гимн мужскому началу»

Взять 1 ч. л. сухих листьев брусники, 1 ч. л. сухих листьев шиповника, 1 ч. л. сухих листьев шалфея, 1 ч. л. тертой свеклы, 1 грецкий орех, 1 ст. л сухих ягод черники, 1 ч. л. сухих листьев крапивы, 5 стаканов воды, 1 ч. л. меда. Орех порубите и смешайте со всеми компонентами, кроме меда, залейте горячей водой, доведите до кипения и снимите с огня. Дайте настояться 15 мин., процедите, приправьте медом. Гущу пропустите через мясорубку и, добавив варенье или джем, подайте к столу как варенье.

Напиток «Женская тайна»

Взять 2 ст. л. коньяка, по 1 ч. л. сухих листьев малины, цветков календулы, листьев шиповника, 3 стакана воды, чуть-чуть тмина. В кипящую воду засыпьте смесь трав, быстро снимите с огня и настаивайте 20 мин. Процедите, в отвар добавьте коньяк. Гущу пропустите через мясорубку, смешайте с равным колвом меда и подавайте к столу как варенье.

Напиток «Душа поет»

Взять 1 стакан сухого вина (любого), 1/2 стакана молочной сыворотки, по 1 ч. л. меда, тертой сырой свеклы, сухой мяты. Свеклу смешайте с сывороткой, поставьте на огонь и доведите до кипения. Снимите с огня, настаивайте 30 мин. Процедите, смешайте с вином, подогрейте, добавьте мед.

Напиток для зрелой женщины

Взять 1 стак. виноградного сока, 1/2 стакана красного сухого вина, 1 грецкий орех, 1 ч. л. сухого зверобоя, 1 ч. л. сухих желтых соцветий одуванчика, 1 ч. л. семян тыквы, 1 ч. л. черники, 3 стакана воды, 1 ч. л. меда. Сухие компоненты смешать и истолочь, залить горячей водой и довести до кипения. Снять с огня и настоять 20 мин. Процедить, добавить вино, мед.

Напиток любовный (I)

Мяту перечную, зверобой продырявленный, ромашку аптечную, мелиссу, листья смородины, листья малины взять поровну. Растолочь в деревянной посуде деревянным пестиком. 1 ч. л. полученного порошка залейте 500 мл водки, подогрейте до 300–400°С, снимите с огня и настаивайте сутки. Процедите, добавьте 1 ст. л. меда.

Напиток любовный (II)

Летом в сок, отжатый из ягод красной смородины, малины, земляники, крыжовника (красного) добавьте по вкусу растворенный в воде сахар и немного коньяка. Закройте банку марлей и оставьте на две недели при комнатной температуре. Затем процедите, разлейте по бутылочкам и храните на холоде. Перед любовным свиданием выпивайте не более одной рюмки.

Напиток «Любовь»

Взять по 4 щепотки чебреца, мяты, розмарина. Разотрите деревянным пестиком в деревянной чашке, залейте чашкой кипятка, дайте настояться 15–20 мин. и выпейте. Пить каждый вечер 3 мес. подряд.

Напиток «Мужской лирический»

Взять 1 яблоко, 1 ст.л. квашеной капусты, 1 грецкий орех, 1/2 стакана томатного сока, 1 ч.л. меда, 1 ст.л. тертой репы, 1 ч.л. смеси сухих трав мяты перечной, зверобоя, листьев малины, 2 стакана воды, 2 столовые ложки тертой сырой моркови. Овощи и травы смешать, добавить горячую воду (60-70°С), орех, квашеную капусту и быстро довести до кипения. Снять с огня и настаивать 10 мин. Процедить, добавить мед, томатный сок и подать к столу.

Напиток «Солидный мужчина»

Взять 3 ст.л. коньяка, 2 стакана воды, по 1 л сухой крапивы, тертой моркови, 1 яблоко, 1 ч.л. тертого хрена, 1 ч.л. тмина. Яблоко и морковь смешайте, влейте горячую воду, добавьте все остальные компоненты. Доведите до кипения, снимите с огня и настаивайте 10 мин. Отвар процедите, смешайте с коньяком. Женщина подает такой напиток мужчине перед ночью любви. Его понемногу можно пить всю ночь.

Напиток «Мужик ярится»

Взять 2 ст. коньяка, по 1 ч.л. сухих цветов календулы, листьев малины, шиповника, 3 стакана воды, тмин на кончике ножа. В кипящую воду добавить травы и тмин, сразу снять с огня и настоять 20-25 мин. Отвар процедить и добавить коньяк. Гущу пропустить через мясорубку, смешать с медом и подать как варенье.

Напиток «Нектар любовный»

Взять 2 стакана пива, 1 ст.л. сухой ромашки аптечной, 1 яблоко, 1 ч.л. душицы, 2 стакана воды. Травы, тертое яблоко и воду смешать, довести до кипения, снять с огня и настоять 10 мин. Отвар процедить и смешать с теплым пивом. Можно добавить мед, лимонный сок или сок любых ягод и фруктов.

Напиток «Необузданная богиня»

Взять сухую ромашку аптечную, крапиву, листья малины в равных количествах. Залить 1 стаканом горячей воды, довести до кипения и настоять 30 мин. Процедить и соединить с 1 стаканом белого вина или виноградного сока, добавить 1 ч.л. меда.

Напиток «Ночная серенада»

Взять 10 шт. желтых соцветий одуванчика, 2 листика одуванчика, 5 цветков клевера, по 1 ст.л. листьев смородины, тертых сырых моркови и репы, 1 грецкий орех. Эту смесь залейте 5 стаканами кипящей воды, снимите с огня и дайте настояться 15-20 мин. Процедите и в отвар добавьте 1 ч.л. меда.

Напиток «Сюрприз для любовницы»

Взять 1 яблоко, 10 ягод черешен, 1 ч.л. тертой сырой груши, 1 грецкий орех, 1 ч.л. порубленных веточек можжевельника и залить 3 стаканами горячей воды. Довести до кипения, снять с огня и настоять 15 мин. Отвар процедить, добавьть 3 ст. л водки. Напиток готовит мужчина, а пьют его вместе перед ночью любви.

Напиток «Эрос»

Берутся поровну зверобой, крапива, мята, клевер. 5 ч.л. этой смеси залить 1 л кипятка, настаивать 20 мин. Этот напиток – враг импотенции у мужчин. Он действует возбуждающе и на женщин. Издавна этим напитком женщины привораживали к себе мужчин, незаметно их подпаивая.

Укрепляющая смесь

Взять 200 г инжира, 200 г кураги, 200 г изюма, ядра 20 грецких орехов. Все измельчите, перемешать и хранить на холоде. Принимать по 2 ст.л. ежедневно.

Любовные ванны

В ваших любовных ухищрениях ванна может оказаться далеко не последним местом приложения ваших усилий. Правильно приготовленная ванна превратит финал вашей встречи действительно в букет удовольствия. Чем не приворот?

Для приготовления ванны добавьте в воду по две капли эфирных масел аниса, фенхеля, розмарина, жасмина и иланг-иланга.

В ванну добавьте по капле эфирных масел жасмина и аниса, и по две капли эфирных масел розы и сандалового дерева.

Заварить лепестки розы, цветы жасмина, листья мяты и корень окопника. Настоять 5 минут и вылить в ванну.

Заварить лепестки розмарина и гвоздики, взятые в равном количестве, плюс половина этого количества лаванды. По щепотке фенхеля и чабреца. настоять 5 минут и вылить в ванну.

Заварить мяту, лаванду и майоран, через 5 минут добавить горсть розовых лепестков и щепотку василька. Дать настояться 5 минут и вылить в ванну.

Заварить по 1 ч.л. розмарина, валерианы, вербены, мяты и корицы. Дать настояться 10 мин. и вылить в ванну.

Заварить 1/2 чашки розовых лепестков и 1/2 чашки лаванды. Настоять 15 мин. и добавить в ванну.

Заварить 2 чашки хмеля и 2 чашки майорана. Дать настояться 20 мин. и вылить в ванну.

Заварить 2 чашки перечной мяты и 2 чашки липового цвета. Дать настояться 15 минут и влить в ванну.

0,5 кг картофеля, крахмала или густого отвара овсяных хлопьев и 1 ст.л. хвойного экстракта. После ванны в кожу втереть косметическое молочко.

Травы и женская красота

Аир

Применяют как средство от перхоти и выпадения волос в виде отвара: 4 ст.л. корня аира надо залить 1 л. воды и 5 мин. кипятить.

Анютины глазки

Чай из них пьют перед сном при себорее и угрях, а из настоя делают компрессы на угревые инфильтраты.

Бузина

Отвар из бузины действует как легкое слабительное, устраняя склонность к запорам, отрицательно влияющим на цвет лица.

Валерьяна лекарственная

Применяется при нервном возбуждении и в виде отвара для промывания уставших век.

Зверобой

Чай из зверобоя улучшает обмен веществ. Трава очень светочувствительна.

Крапива

Применяют против перхоти и выпадения волос в виде отвара (2 ст. ложки травы залить 1 стаканом кипятка, на 15 мин. накрыть полотенцем, затем процедить).

Лен

Является лечебным средством при запорах. Лечат отмороженные и обваренные кипятком места.

Липа

Приостанавливает выпадение волос (8 ст. ложек липового цвета заливают 0.5 л воды и 20 мин. кипятят).

Лопух

Регулирует обмен веществ. Применяется для промывания гнойничковых элементов на лице, против перхоти и выпадения волос.

Ромашка

Наружно применяется в виде компрессов на отмороженные и ошпаренные места, для промывания воспаленных век, для полоскания рта, для мытья головы. Летом для снятия усталости ног надо делать ванночку из отвара ромашки с добавлением щепотки соли.

Тысячелистник

Оказывает успокаивающее и антисептическое действие. Делают маски для пористой кожи. Кашица из нарубленного тысячелистника. и чайной ложки овсяных хлопьев наносится на вымытое лицо.

Хвощ

(2 ложки травы на 2 стакана воды, кипятить полчаса). Хорошее успокоительное средство, снимает усталость глаз. Рекомендуется хвощовый отвар для полоскания волос при появлении перхоти.

Черника

В виде отвара применяется для полоскания рта во время воспаления десен.

Чистотел

Лечит бородавки на руках.

Шалфей

Помогает лечить волосы, применяют при потливости рук. Очень теплую ванночку для рук рекомендуется делать 2-3 раза в неделю перед сном.

Вернуть своему лицу молодость и свежесть

1 рекомендация:

Для увлажнения кожи лица, вместо утреннего умывания пропитать и слегка массировать лицо кусочками льда. Можно приготовить его из отвара лекарственных растений: календулы, липового цвета, ромашки (2 столовые ложки на стакан воды) вскипятить, настоять 15 минут на медленном огне.

2 рекомендация:

Если лицо шелушится, воспользуйтесь следующей очистительной процедурой. Приготовьте липовый отвар: 1 чайную ложку измельченного липового цвета залить 100 гр холодной воды, довести до кипения, настоять 15 минут на медленном огне. Процедить, добавить 1 чайную ложку цветочного меда. Этим составом обильно смачивайте очищенную кожу лица и шеи в течение недели. Процедуру делать лучше лежа, предельно расслабив тело.

3 рекомендация:

Сделать питательную маску: 1 столовая ложка сметаны, 1 столовая ложка творога, 1 чайная ложка морской соли. Всю массу тщательно перемешать и нанести на лицо. Маску держать 15-20 минут, затем смыть теплой, а потом холодной водой.

Защита от магического нападения

Так как магическое нападение может разрушить ваше хрупкое семейное счастье, любая женщина должна знать и уметь достаточно, чтобы оградить свою семью от наведенной беды.

Некоторые из нас, возможно, и не думая о зле, вспыльчивы, легко впадают в состояние гнева, желая в этот момент всевозможных напастей тому, с кем ссорятся. Подобным образом человека — объект подобной страсти — очень легко не только выбить из колеи, но и, как говорят в народе, сглазить. Наука утверждает, что в такие минуты происходит пробой энергоинформационного поля жертвы. А израненное в баталии поле — это не просто временная головная боль, но и часто настоящие, затяжные, порой неизлечимые болезни. И если только подумать, сколько подобных ударов мы получаем каждый день?!

Кроме того, можно, всякое ведь бывает в жизни, попасть под удар профессионального колдуна, которому заказали изурочить Ваше счастье. Или соседка ну такая добрая...

Самый древний и безотказный метод, используемый колдунами, чтобы навести на человека порчу, — изготовление вольта. Вольт — это человеческая фигурка, слепленная из церковного воска, в который примешиваются волосы, кровь, ногти или какой-то мелкий предмет, принадлежащий жертве. Так готовится магическое убийство... Отсюда и название — энвольтование, то есть казнь. Вид казни выбирает колдун. Если смерть нужна быстрая, вольт сжигается. Если исполнитель – садист, фигурка прокалывается новыми, специально купленными иглами в тех местах слепленного человечка, которые колдун жаждет поразить в первую очередь: в области сердца, печени, легких... При этом постоянно вызывая в своем воображении как можно более яркий образ жертвы.

Но вот что важно: существует так называемый обратный удар, очень опасный для колдуна. В процессе магической казни исполнитель посылает на свою жертву своеобразную энергетическую молнию, которая обязательно должна войти в тело несчастного, начав его разрушать, – это и есть сама порча. Но если человек знает, как защититься, маг получает обратный удар, который в процессе возвращения будет увеличивать свою силу в геометрической прогрессии... Порча, не найдя входа в информационное поле своей цели, перестает быть для нее выстрелом на поражение и возвращается в усиленном виде к снайперу.

При сильном энвольтовании обратный удар может стать для колдуна смертельным. Опасаясь этого, маг специальным заговором заранее – на всякий случай – заговаривает какое-нибудь животное, чаще всего соседского пса или кота, чтобы ответный удар пришелся на него. Могу с уверенностью сказать, что современные черные маги не утруждают себя поисками таких животных, а поступают куда проще: предусмотрительно создают энергетические условия, благодаря которым астральный удар, отфутболенный защищенной жертвой, достается... заказчику порчи. Неосмотрительному клиенту, обратившемуся из чувства мести к магу, дабы разделаться с врагом. Так стоит ли рисковать?.. То ли по незнанию, то ли в силу врожденной, не знающей предела мстительности многие сегодня все же рискуют и становятся заказчиками и порч, и астральных убийств.

Как понять, что на вас напали?

Если у вас начались неприятности, нелады с любимым, физические недомогания, если у вас без всяких видимых причин начинает рушиться здоровье или судьба, вместо естественной радости и спокойствия в душе поселилась ничем не объяснимая сосущая тревога, не найдя для всего этого никаких реальных оснований, вы инстинктивно придете к правильному выводу.

Тогда нужно обязательно проверить, не производит ли кто-либо на вас магического воздействия. Существует множество способов определения этого. Вот некоторые из них.

Возьмите обручальное кольцо (свое или вашей матери). Наденьте его на свой палец или привяжите на веревочку и носите на уровне груди под одеждой три дня, не снимая ни днем, ни ночью. После этого возьмите это кольцо и легко проводите им по щеке. Если на вашей коже остался черный след, значит, на вас навели порчу.

Налейте в прозрачный стакан немного воды, аккуратно разбейте туда сырое яйцо, не повредив желток. Поводите этим стаканом 1-2 минуты над головой того человека, которого, по Вашему предположению, сглазили, а если, вы думайте, что порчу навели на вас, то пусть это сделает ваша родственница. Если вы испорчены, то через воду вверх потянутся белые нити как бы вареного яйца.

И, еще, в квартире не должно быть паутинок, особенно черных пауков. Паутина — это присутствие злого духа в доме. Следует паутину собрать, лучше на веточку вербы и выбросить из дома. Пауков убивать нельзя, их следует на что-то взять и также выкинуть за пределы квартиры.

Взрослые, на которых наслали порчу, проявляют беспокойство, испытывают бессознательный страх. Их выдает желтоватый или чаще серый цвет лица, они чувствуют боли в желудке, рвоту, часто потирают руки. Также — худоба, опухоли, паралич, судороги, меланхолия, слепота, особенно часто импотенция, бесноватость, прожорливость.

Для детей симптомами сглаза считались внезапная бледность, похудение, хилость, слабый и неравномерный пульс, жар, потливость, отсутствие аппетита (с помощью врача надо исключить инфекционные болезни). А также — бессонница, тошнота, головные боли, эпилептические припадки, чахотка.

Если на вас произошло магическое нападение, необходимо срочно провести ритуал снятия порчи или сглаза, пока болезнь не укоренилась так глубоко, что без профессионального целителя ее уже не излечишь.

Средства предосторожности

Прекрасным средством от колдовства всегда считался шум. С его помощью нетрудно обратить в бегство всякую нечисть и предотвратить ее зловредные дела. Для отпугивания ведьм достаточно также щелчка пальцев или лая собаки. Обезопасить себя можно и другим способом — трижды постучав по столу, дереву или стене. Отпугивание ведьм и злых духов — главное древнее назначение детских погремушек, о чем нынешние родители не имеют представления! А вот свистком можно вызвать как злых духов, так и добрых, поэтому с ними надо быть поосторожнее. Очень пугливы колдовские силы к звону металла, особенно колоколов и колокольчиков. Потому бубенцами украшали конскую сбрую, оберегая себя в путешествии от порчи. Отправляясь из дома, вы врядли возьмете с собой колокольчик. А вот ключи всегда при вас. Подозревая неладное, позвените ими – это также оградительные звуки.

Снять порчу

В течение восьми дней ставьте на ночь у изголовья прозрачный стакан с коктейлем: вода с яйцом, – а утром выливайте эту смесь в туалет. Стакан после этого мыть не надо, однако пить из него нельзя. После всех восьми дней его лучше выбросить.

Налить в кружку воды и в одиночестве над ней прочитать три раза заговор. Затем ее выпить.

Чем родился, раб Божий (имя), тем пособился ото всяких болезней, ото всяких скорбей, от уроков, от призоров, от страхов, переполохов, от тяготы, от ломоты, от встречного, от востраго зуба, от востраго глаза, от белого и черного покрова, ст бабы, от золовки, от девки-простоволоски.

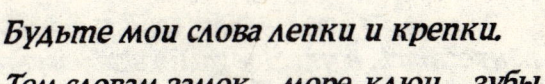

Будьте мои слова лепки и крепки.
Тем словам замок – море, ключ – зубы.

Обряд выполняется 3 дня подряд. Приобретите 3 яйца. Встаньте за спиной человека порченого, и положите одно ему на темя, придерживая рукой. Чувствуйте, куда будет катиться яйцо по человеку, и придерживайте яйцо рукой. В какой-то момент оно остановится. Тогда аккуратно разбейте его в банку с небольшим количеством воды, когда постоит, примерно через час – выпейте содержимое в туалет. Остальные два дня выполняйте тот же ритуал. В конце третьего раза обратите внимание, поднимаются ли белые нити от яйца к поверхности воды. Если нет – то вы сняли порчу, если да – то обряд нужно довести до 7 раз.

Налить в стакан воды и трижды произнести над ним заговор, после чего выпейте глоток, намочите лоб и волосы, проделайте это три раза. Смочите себе грудь и спину и дождитесь, пока вода не высохнет.

Стану я, раба, благословясь, пойду, перекрестясь, в чистое поле, в зеленую дубраву. В зеленой дубраве стоит белая береза во двенадцати корнях. Как на мне не держится ни утренняя роса, ни вечерняя роса. так не держитесь ни уроки, ни призоры, ни скорби — болезни, ни страхи-переполохи, ни ветряные переломы. От родимца родимешного, от русых, от белокурых, от черных черемных, от двоезубых, от троеженных, будьте мои слова крепки и легки, крепче и легче клею осетрового. Аминь.

Возьмите стакан с водой. Затем опустите в стакан 3 чистые чайные ложки. Каждой ложкой по очереди помешайте воду, зачерпните, поднимите ложку широкой частью вверх, чтобы вода по черенку стекала в стакан, как бы обмывая ложку. Во время этого приговаривайте:

Как не урочится ложечка,

Так не урочится (имя).

После того как сольете воду с трех ложек и три раза произнесете слова заговора, левой рукой возьмите стакан и наливайте воду в правую руку, потом умойте ею свое лицо и глотните этой воды 3 раза.

От инвольтования.

Сейчас я приведу два заговора, один из которых читается на больного, второй – на высохшее дерево. Найти такое в современном городе сегодня даже легче, чем в лесу. Заговоры читаются 6 дней: один день на человека, второй – на дерево. Оба, таким образом, по три раза, через день.

ДЛЯ ЧЕЛОВЕКА

Мышца великого Бога непоколебленная, как не имеешь ты лжи, да еще кто может прочитать 12 имен моих, не сможет приблизиться к рабу Божьему (имя). А имена мои: первое – Вященца, второе – Бясица, третье – Преображница, четвертое – Убийца, пятое – Елина, шестое – Полюблящая, седьмое – Имарта, восьмое – Уриа, девятое – Изедущая, десятое – Негризущая, одиннадцатое – Голяда, двенадцатое – Надукия. И говорит нам Архангел Михаил: Заклинаю тя, проклятая сатана, Иисусом Христом, сыном Марии, и святым великомучеником Победоносцем Георгием и всеми святыми молитвами. Иди из тела раба Божьего (имя). Амин.

ДЛЯ ДЕРЕВА

Корень, листва, ветви, кора, как вы сухие стоите, так на себя возьмите порчу раба Божьего (имя). Аминь.

Снятие порчи с самого себя

Способ 1.

В 12 часов ночи идите к месту, где есть ключевая вода. Положите рядом с водой свое белье, вывернутое наизнанку, трижды наберите полные ладони воды и умывайтесь, только от подбородка ко лбу. Последние капли воды, что остаются в ладонях, бросайте в воду и говорите: Как уходят последние капли воды, так уйдут и последние капли моих слез. После этого повернитесь спиной к воде, наберите воды немножечко в правую ладонь и через левое плечо выбросите подальше, произнося при этом слова:

Как вода летит быстро, так и злая порча улетай быстро. Во имя Отца и Сына и Святого Духа. Аминь. Аминь. Аминь.

Белье носить надо 3 дня, не снимая.

Способ 2.

В 12 часов ночи необходимо поставить сковороду на огонь, бросайте на нее левой рукой три пригоршни соли, и наблюдайте, как 20 минут на огне (сильном) соль жарится. Говорите:

Вас 77, я вас накормлю, я вас напою, покажите, расскажите, кем, за что и когда рабу Божьему (имя) зло поделано, ни зверем, ни рыбой, ни птицей, а человеком, покажите, расскажите, каким?

Если соль будет сильно трещать, почернеет (иногда слышен стон), выходите на улицу отсчитайте справа от себя 21 звезду и скажите:

Царицы-звездицы отдайте, верните то зло, что мне принесли, ни рыбой, ни птицей, а человеком. Верните ему, я прощаю ему.

После этого в течение 24 часов из дому ничего не уносите, в долг ничего не давайте.

Способ 3.

Высушить цветы, с которыми стояли обедню, и вечерню на Троицу. Положить на блюдо один цветок, полить святой водой (1 стакан). Произнести при зажженной свече молитвы Отче наш , Символ Веры , Живые в помощи (по 2 раза каждую). Три глотка воды выпить, оставшейся, умыться. Сразу же отложить монету (на милостыню). Продолжать лечение так 40 дней. Затем заказать в церкви 3 молебна: целителю Пантелеймону, мученику Трифону и бессребреникам Кузьме и Демьяну, 40 монет раздать в церкви нищим о здравии.

Всякому рожоному человеку: соли в глаз, песку горячего, огня, палящего — злому — лихому, порченику и урочнику. Всякому рожоному человеку Божии твари не узнать; облака не открыть, не отпереть; частых звезд не оббивать и не ощипати; утряны зори топором не пересечи; млада месяца не оттолкнуть, не отпереть — так и меня, раба Божия (имя), никому не испортить, не изурочить век по веку, онине и до веку. Которые слова забытущие, обыдущие — быдьте вы, мои слова, все сполна переговорены век по веку, отныне и до веку. Небо — клю, земля — замок.

Во имя Отца и Сына и Святого Духа. Аминь. Встану я, раб Божий (имя), благословясь, пойду, перекрестясь, из избы дверми, из двора воротами, пойду в чистое поле, поклонюсь и помолюсь истинному Иисусу Христу, Егорью Храброму; облаком оболокусь, утренней зарей подпояшуся, младым месяцем сотьнуса, частыми звездами затычуся от призоров, от причи, от прикосов, от урочливого человека, от прикосливого человека, от черного, от черемного, от русого, от белого, от черноглаза, от сероглаза, от черноплота, от сероплота, от белоплота, от одножена, от двоежена, от однозуба, от двоезуба и от трезуба, и от колдуна, и от колдуньи, от бедуна, и от бедуньи, и от всякия злыя, лихия, и от своей жены, и от чужия, и от своего человека, и от чужого, и от своей семьи, и от чужия, и от всякого рожденного: от сутулого и от горбатого, наперед покляпого, от старца, от старицы, от чернеца, от черничихи и от попа, и от дьякона, и от подоморя, и от всего крылоса, и от девки-простоволоски, и от бабы-белоголовки, на дороге стричного, постигающего, засмотряющего, завидяющего. Злому и лихому, порченику, урченику, всякому рожденному человеку — мякина в глаз, железна спина в гузно, дресвяный камень в зубы — злому и лихому, порченику и урченику.

Во Имя Отца и Сына и Святого Духа. Аминь. Встанет раба Божия (имя), благословясь, пойдет перекрестясь из избы дверьми, из двора воротами пойдет в чистое поле, облаком оболочится, утренней зарей подпояшется, частыми звездами затычется от призоров, от прикосов, от урочливого человека, от черного, от белого глаза, от чертоплота, от белоплота, от одножена, от двоежена, от однозуба, от двоезуба, и от троезуба, и от колдуна и от колдуньи, и от ведуна и от ведуньи, и от всяких змия лихих, и от своей жены, и от чужих, и от всякого рожненного, от сутулого и от горбатого наперед поклятого, от старца и старицы, от чернеца и черницы, от попа и от дьякона, и от пономаря и от всякого рылоса, и от девки-простоволоски, и от бабы-белоголовки, и от всякого на дороге встречного, постигающего, засмотрящего, завидящего. Всякому рожденому человеку божьи твари не узнать, облака не открыть, не отпереть, частых звезд не одбивать не ощипати, утряны зори топориком не пересечи, млада месяца не оттолкнуть, не отпереть, так и его раба Божия (имя) никому не испортить, не изурочить, век по веку. Злому и лихому порчинеку, урочнику, всякому рожденному человеку, соли в глаза, железна спица в гузно, дресвяной камень в зубы. Которые слова забытущие, обыдущие, будьте мои слова все сполна переговорены, по вскяк день, по всяк час, безотпяточно, безоглядочно, век по веку, отныне и по век. Небо – ключ. Земля – замок. Аминь.

Словеса Божественного Евангелия: Да угаснут, исчезнут в тебе раб Божий (имя), сила лукавого дьявола, да вселится сила Божественного духа. Аминь! Во имя Отца, и Сына и Святого Духа. Аминь. Бог Богов, Господь Господией, Христе Сыне Божий, Пречистая Богородица, Дева Мария, вся небесныя сила бесплотныя, Ангелы Хранители, Архангелы, Херувимы, Серафимы, Начала, Престолы, Господства, Власти, Силы, и все праотцы, цари, пророки, Апостолы, и Евангелисты, и все преподобные, праведники, мученики, угодники, святители, священные и всесвятии соборы и лики, мужеского и женского полу, избавите, исцелите, и помилуйте раба Божия (имя). Аминь, аминь, аминь!

Изгнать зло

Выйди вон из раба Божия (имя), имеющего Крест Бога нашего, Крест Животворящий, Пресвятой Девы Марии и Святого Евангелия. Выйди вон из раба Божьего (имя), выйди вон из души его, мыслей, страстей, желаний и проступков. Выйди вон из сердца и глаз, рта и ушей. Выйди вон из всей крови, кожи и волос. Выйди вон из раба Божьего (имя) и всего телесья его.

Откуда пришел, туда иди. Что принес, то и неси. Положи в подножье ног своих и отдай тому, кто сотворил. Во имя Отца и Сына и Святого Духа, аминь!

Снять сглаз

Снять себе легкий сглаз можно с помощью заговора:

Встану я, раб Божий (имя), благословясь, перекрестясь, пойду из дверей в двери, из ворот в ворота, под красное солнышко, под светлый месяц, под черныя облака: есть у меня, раба Божия, — в чистом поле окиян-море, — на окияне-

море стоит злат остров, на злате острове стоит престол, на злате престоле стоит Мать Пресвятая Богородица, с синяя моря пену сдувает и смахивает, — смахни с раба Божия (имя), 12 тишин, 12 камчужищев (название чирьев кучковатых и паховиков), 12 недужищев, 12 жировых, костных, ломовых, жильных и полужильных: ключи, замки — в воду, огонь в гору, во имя Отца и Сына, и Святого Духа. Аминь.

Прочитать этот заговор трижды.

От сглаза

В закатные часы больного сажают на стул лицом к порогу, после чего взявшийся избавить его от страданий встает за спиной пострадавшего с ножом в правой руке, которым во время чтения к больному следует прикасаться, лучше — крестить. Читать вполголоса, три вечера подряд, в последний вечер брызнуть на больного святой водой — с тем чтобы он тут же обтерся подолом своей рубашки или платья (юбки).

Господь спаситель и избавитель, спаси и избавь раба своего (имя), проклятья сними с него, все заклятья с первого слова и до последнего. Аминь, аминь, аминь.

Выливание воском

Во всех случаях, при всех обрядах, больной должен сидеть спиной на север. Под стул, на котором будет сидеть больной, необходимо положить: нож острием на выход к двери, ножницы (пальцами на выход), крест небольшой, свечу рядом положить. Необходимо подготовить рядом на столе нож, тарелку с водой и поставить на огонь воск в кастрюле (желательно с ручкой, удобно работать). Тарелку с водой перекрестить ножом, обнести вокруг головы по часовой стрелке 3 раза. Потом тарелку придерживать левой рукой на голове у больного, правой выливать воск по часовой стрелке в тарелку. Через полминуты снять для остывания воска. В это время новую порцию воска поставить на огонь. Пока будет плавиться воск на медленном огне, вы аккуратно, с помощью ножа, снимите круг воска, положите его и внимательно рассмотрите (внутреннюю сторону). Здесь вы увидите целый мир, что мешало хорошему самочувствию данного человека. Затем повторить ту же операцию, и рассмотреть второй круг воска. Уже здесь будет меньше фигур. Ведь злой наговор снимается. И третий раз расплавить воск, повторить все так же, только посуду с воском необходимо пронести не вокруг головы, а с ног и до головы 3 раза. Третий круг воска будет отличаться от двух предыдущих. Если он будет совсем гладким, значит, работа закончена, если нет, то надо еще повторить. При этом не забывайте, что с первой минуты и до последней вы должны читать молитвы.

Встану я раба Божья (имя), не благословлясь, пойду не перекрестясь, из дверей не в двери, из ворот не в ворота, сквозь дыру огороднюю. Выйду я не в чисто поле, в стороне не подвосточную, не в подзакатную. Поднимаются ветры-выхри со всех четырех сторон, от Востока до Запада, смывают о вшивого добытка уроки, озопы, призоры, злые-лихие приговоры, понесите в луга-болота, где скотине привольно, народу не входно, там вам жить добро, спать тепло. Замыкаю свои слова замком, бросаю ключ под бел горюч камень алтарь, а как у замков смычки крепки, так слова мои метки. Будь моя молитва крепка и липка, хитрее хитрово хитрова и щучьего зуба. Аминь. Аминь. Аминь.

Целитель приходит к больному три раза на заре, выводит больного на зарю и, смотря на воду в сосуд, говорит:

Заря зарница, красная девица, избавь раба Божия (имя) от матухи, от знобухи, от летучки, от Марьи Иродовны и от всех двенадцати девиц трясовиц.

Потом целитель крестообразно смахивает хворь со лба, бороды и обеих щек больного, плюя каждый раз на землю и, наконец, умывает его наговоренною водою.

Пекут 12 пирожков или пряников, идут с ними на перекресток улицы или в лес, кладут эти пирожки, завязанные в салфетку на землю и приговаривают:

Вот вам двенадцать сестер, хлеб-соль, полноте меня мучить, отстаньте от меня.

Кланяются на четыре стороны и уходят так, чтобы никто не видал. Берут в правую руку горсть пшена, идут к реке и, оборотясь к ней спиной, говорят:

Лихорадки, вас 77, наше вам всем.

Потом бросают пшено через голову. Говорится над липовою корою трижды, не переводя духа:

От (имя) раба отстань, лихорадка и плыви вдаль по реке.

Потом кладут эту кору под камень на три дня и по исходу их сам больной должен спустить ее на речку и трижды повторить заговор и прочесть молитву Отче наш, Матушка Мария, Да воскреснет Бог.

Если сглаз сильный

Спрыскивают больного святой водой и шепотом трижды выговаривают:

Во имя Отца и Сына и Святого Духа. Аминь.

Трижды произнося и крестясь:

От встречного, поперечного, от лихого человека помилуй, Господи, Своего (имя) раба. От притки, от приткиной матери, от черного человека, от рыжего, от черного, завидливого урочливого, прихошливого, от серого глаза, от карего, от синего глаза, от черного! Как заря Амнитария исходила и потухла, так бы из раба Божьего (имя) всякие недуги напущенные исходили и потухли. Как из булату синего укладку камнем огонь выбивает, так бы из раба Божьего (имя) все недуги и порчи вышибало и выбивало. Притка ты притка, приткина мать, болезни, уроки, призоры счес, подите от раба Божьего (имя) в темные леса, на сухие древа, где народ не входит, где скот не бродит, где птица не летает, где зверь не рыщет! Салманида-бабушка Христо-правушка, Христамыла, правила, нам окатыши оставила. Запираю приговор три девяти тремя замками тридевятитремя ключами. Слово мое крепко, аминь!

Затем отереть больного изнанкой чистой сорочки и надеть на него чистую сорочку.

В том случае, если сглаз незначительный, достаточно накрест обтереть лицо мочой и трижды сплюнуть через левое плечо.

На вас сделан приворот

Если вам кажется, что на вас сделан приворот, то можете взять семь лепесточков дудника (дягиля), положить эти листочки в белый шелковый мешочек и повесьте этот мешочек себе на шею так, чтобы он свисал над сердцем. Воздействие прекратится.

От неприятностей

При любой неприятности, где бы она ни случилась — в семье или на производстве, — рекомендуется в течение дня семь раз прочесть обращение к ангелу-попечителю:

Ангел-Попечитель, Ангел-Сохранитель. Ангел, заступись, перед Господом помолись о моей душе, о моем злосчастье. Во имя Отца и Сына и Святого Духа. Аминь.

Есть еще один способ отвести беду от дома, даже если она уже случилась, способ, как говорят старики, самый верный. Делятся они им неохотно, поскольку считается: если ты воспользовался этим способом — никому о том не рассказывай, разрушишь дело своих рук... Это бращение к домовому, для него необходимо иметь сохранившееся с Пасхи крашеное яичко.

Ранним утром, затемно, в полной тишине (т.е. до первых петухов) берут в одну руку крашенку, в другую – церковную свечу. Крестятся вначале яйцом, потом свечой, затем меняют руки и говорят:

Дядя домовой, дядя дворовой, приходи ко мне на свет от свечи. От яйца, что святили куличи, на зелень, как дубравный лист, на синь, как речной вал. Приходи таков, каков я есть сам, я тебе Христово яичко дам. Пособи мне, помоги мне, отведи мое горе (такое-то) от моего дома, от моего двора, от моей семьи, от меня. Хозяюшко Господин, пособи моей беде. Во имя Отца и Сына и Святого Духа. Аминь.

Свечу и яйцо оставляют на том месте, где читался заговор, и уходят спать. Говорят, домовой сам знает, что делать...

Любовные гадания

Ну что сказать, ну что сказать,
Устроены так люди:
Желают знать, желают знать,
Желают знать, что будет...

Гадания на суженого

Девичьих гаданий на суженого очень и очень много. В этой главе Вы познакомитесь с гаданиями, которые можно выполнить также и в городских условиях.

Кладут под подушку хлеб и ножницы (или 4-х мастей королей) и по сну заключают о будущем.

Первый кусок от ужина кладет девка под подушку, приглашая суженого, и он является во сне.

В какой стороне в святки звезда упадет, в той стороне и жених ждет.

Вечером бросали за ворота башмачок, снятый с ноги: куда носком ляжет, туда и замуж идти.

Гадание на свадьбе, кто будет следующим женихом и невестой.

В один круг собираются незамужние девушки, а в другой – холостые парни. Невеста с завязанными глазами находится в кругу девушек, жених – в кругу парней, тоже с завязанными глазами. Оба движутся против часовой стрелки. Невеста выбирает кого-то из девушек, жених – кого-то из парней. Они надевают на своих избранников специально изготовленные маленькую фату невесты и шляпу жениха. Это проводится в полночь, ровно в 24 часа.

Если вы хотите увидеть будущего супруга

Ритуал исполняется ночью при полной луне. В комнате вы должны быть одна, а вокруг абсолютная тишина. На столе перед собой расстелите кусок черной материи. На него поставьте стеклянный (хрустальный) бокал, наполненный водой. Вода должна доходить до самых краев бокала. По левую сторону от бокала с водой зажгите белую свечу — единственный источник света в комнате. Справа от нее сжигайте палочки с благовониями — сандаловое дерево, ладан, жасмин. Закройте глаза и сделайте два-три максимально глубоких вдоха. Представьте себе лица возможных супругов, при этом глаза у вас закрыты. Повторите следующее три раза:

Посмотри, посмотри, посмотри на меня, Покажи то лицо, что увидеть должна, Дай взглянуть на того, кто судьбою моей. Для меня предназначен и всех мне милей.

Затем постарайтесь очистить сознание от всех мыслей, сконцентрируйтесь, чтобы, когда откроете глаза и пристально посмотрите в воду, вы смогли верно воспринять все, что там появится. В воде будет лицо вашего супруга (не обязательно из тех, кого вы предварительно представляли).

Гадание на имя и фамилию будущего супруга

Сначала вам необходимо украсть яблоко. Оно должно быть сорвано с чужого дерева и должно быть самым красным из тех, что Вам удастся обнаружить, и иметь длинный хвостик. Дома сядьте перед огнем и поднимите яблоко за хвостик вверх. Крепко держите его, а другой рукой начинайте поворачивать. Пока поворачиваете, называйте буквы алфавита. Говорите быстро, но не слишком торопитесь, потому что Вам предстоит запомнить букву, названную в тот момент, когда хвостик отделится от яблока. С этой буквы и будет начинаться имя Вашего будущего супруга.

Бросьте хвостик в огонь, возьмите острый нож и начинайте чистить яблоко. Делайте это осторожно, потому что Вам предстоит снять кожуру целиком единой лентой. Если она прервется, то Вам нужно будет снова идти воровать яблоко и начинать все сначала.

Возьмите кожуру в левую руку и бросьте через плечо так, чтобы она упала позади Вас. Когда обернетесь посмотреть на нее, то обнаружите, что она приняла форму буквы. Она будет первой в фамилии вашего будущего супруга.

Если яблочная кожура поломается в момент приземления, то это значит, что предстоит бурное ухаживание, где один или несколько моментов вызовут желание все прекратить.

Маятник для любви

Маятником может быть кольцо, подвешенное на красной шелковой нити или ленте. Для того, чтобы установить связь с интересующим вас лицом, необходим фрагмент его или ее одежды или носовой платок, часы, кольцо, украшение, фотография и т. д., то есть то, что предмет вашего интереса носит на себе.

Сядьте, положив этот предмет перед собой, и держите над ним маятник. Нить нужно держать таким образом, чтобы кольцо находилось приблизительно на расстоянии 2–3 см над поверхностью. Длина нити равна диаметру Вашей головы.

Сконцентрируйте мысль на человеке, которым Вы интересуетесь. Подходит ли он (она) Вам? Думайте обо всех его хороших и плохих качествах. Затем скажите:

Ав ми романэ мап,

Паудэл дур чамбас

Ав китанэ мажа?

Повторите три раза.

Когда будете говорить, маятник начнет качаться. Если он раскачивается вперед-назад, по направлению к Вам и от Вас — это означает «да», и этот человек Вам подходит. Если же раскачивается из стороны в сторону, поперек, тогда это означает «нет» — человек Вам не подходит. Возможно, у Вас маятник будет делать круговые движения. Движение по часовой стрелке означает «да», против — «нет».

Гадание на замужество (женитьбу)

Его совершают накануне Нового года. Задающий вопрос берет старый ботинок или туфлю и бросает в ветки ивового дерева. Если брошенный предмет возвращается на землю, то, значит в течение предстоящих 12 месяцев свадьбы Вашей не будет. Но если он застрянет в ветках и не упадет, то свадьба состоится в этом году.

Кто будет Вашим супругом(-ой)

Надо взять таз с водой и плоскую дощечку. Таз должен быть керамическим или глиняным и наполненным водой, взятой из природного источника. Дощечка укладывается поперек таза с одного края на другой. Это мост через реку. Ночью в полнолуние поставьте эту воду и мостик над ней к себе под кровать. Перед тем, как заснуть, сосредоточьте ваши мысли на действительном мосте через реку. Скажите себе, что сегодня ночью увидите это во сне. Вы увидите во сне себя, идущую(его) по мосту и падающую(его) в воду, когда пройдена уже половина того моста. Но не бойтесь, кто-то придет и спасет вас. Смысл в том, чтобы запомнить, кто пришел спасти вас и вытащил из воды. Он и будет Вашим мужем (женой).

Станет ли человек вашим супругом

Очистите маленький лимон. Возьмите два равных по размеру кусочка кожуры, приложите один к другому внутренними сторонами, кожурой наружу, положите в правый карман или кошелек и оставьте там на весь день. Вечером, когда вы уже приготовитесь лечь в постель, достаньте кожуру и натрите ею ножки кровати. Положите оба кусочка под подушку и ложитесь спать. Если вам приснится ваш любимый, значит, вы определенно выйдете за него замуж.

Если девушка напишет имена своих друзей на одной бумажке, а затем отправится спать, положив ее между грудей, то ей приснится только один – будущий муж.

Чтоб выбрать суженого

Можно гадать в среду или пятницу. Сначала соберите столько желудей, сколько у Вас поклонников, и добавьте еще один, который будет представлять Вас. Затем возьмите острый нож и нацарапайте инициалы каждого на отдельном желуде. Наполните таз с водой. Возьмите желуди, держите их в руках и сконцентрируйтесь на людях, которых они представляют. Мысленно рассмотрите их по очереди и размышляйте о том, чем они Вас привлекают. Разожмите пальцы и бросьте все желуди одновременно в таз с водой. Тот желудь, который подплывет ближе всего к вам, и есть наиболее подходящее лицо.

Достаньте из таза все желуди и бросьте их, кроме Вашего, а также желудя-победителя. Возьмите желуди в ладони, сложенные чашечкой, прижмите к сердцу и скажите:

Гана, Гана, когда это будет?

Затем бросьте снова эти два желудя в таз. Если они будут держаться рядом (на расстоянии не более 5 см), тогда Вы поженитесь в этом году. Но если значительно удалены друг от друга, то тогда предстоит еще долгое обручение.

Найти в лесу большую березу с толстой поперечной веткой. Внизу выложить вещи нескольких парней (из которых Вы выбираете суженого). На месте срубить голову черному петуху, взять его за ноги и раскачивать над вещами. Лучше, чтобы погода была ветреная. На которую вещь упадет больше крови, тот и есть Ваш суженый.

Четыре короля

Значения карт смотрите в пасьянсе на имя (см. ниже).

Выбрать из колоды четырех королей, выложить их в ряд. Дать каждому имена из Ваших знакомых. Остальные 32 карты перетасовать и начать их расклад. При этом между каждым королем и открываемыми картами нужно оставить место для еще одной карты. Итак, идет десятка, кладем ее на расстоянии в одну карту от первого короля, опять десятка, кладем на расстоянии от второго короля, шестерка – кладем рядом с третьим королем, на нее будем собирать другие карты по возрастающей. Четвертая карта – опять шестерка, ее кладем перед четвертым королем. У нас уже видны три ряда карт. Первый – короли, второй – шестерки, на которые собираются карты по возрастающей, и третий – рабочий. При дальнейшем раскладе перед третьим королем выпала восьмерка, она сначала оказалась в рабочем ряду, но при третьем ходе в раскладе карт против этого короля вышла семерка, которая была положена на шестерку. И вот теперь из рабочего ряда мы туда же берем восьмерку (т. е. всякий раз, когда карта в третьем подходит ко второму ряду, мы ее перекладываем). Следующая карта в колоде – девятка, по очереди она должна быть выложена перед четвертым королем, но она подходит к картам третьего ряда. Там сверху лежит восьмерка, кладем девятку на нее. Затем выходит семерка, она кладется на шестерку перед четвертым королем. В рабочем ряду уже есть перед ним восьмерки, переносим ее на семерку. Следующие ходы изменений не дают. Так что к завершению расклада всей колоды выходит картина:

К♠ К♦ К♥ К♣

9♦ 8♥

Т♦ В♣ 6♦ Т♠

Аккуратно, не тасуя, собираем карты третьего ряда, слева направо. Затем раскладываем вновь. Следующий расклад для изменения только в третьем ряду.. Не путая карты, раскладываем еще раз. На сей раз перед червонным королем выпала десятка треф. Большего добиться не удалось. Карты, оказавшиеся во втором ряду, характеризуют отношение к Вам того короля, напротив которого они лежат. Итак, король червей о даме дурно отзывается, а король треф желает с ней встретиться. Для короля бубен и короля пик дама — не слишком актуальная фигура, никаких карт — признак равнодушия. Но, с другой стороны, может быть, им не понравилась компания, в которой она на них падает. Так что можно раскинуть на них пасьянс на имя.

Пасьянс на имя

Считаете количество букв в полном имени интересующего Вас мужчины. Тасуете колоду и раскладываете ее последовательно на столько частей, сколько букв в имени, рубашкой кверху. Распределив все карты (не всегда получаются одинаковые кучки), начинаем по очереди открывать получившиеся группы. Смотрим на нижнюю карту каждой маленькой колоды. Если она пиковой масти, отбрасываем ее в сторону. Так же поступаем со второй и т. д. картами снизу, если подряд идут карты пик. Оставшиеся карты аккуратно, не тасуя, откладываем в сторону. Вторую группу рассматриваем точно так же: если есть внизу пиковая карта, откладываем ее, оставшиеся аккуратно – не тасуя! – прибавляем к остатку от первой группы. Если пик снизу нет, аккуратно складываем всю группу, собирая новую колоду. Когда отброшены все пики и сложена новая колода, надо – еще раз подчеркнем, не тасуя – разложить оставшиеся карты на группы, число которых должно равняться числу букв уменьшительного имени короля. С ними повторяем те же операции: пиковые карты снизу отбрасываем, остальные, на тасуя, собираем в колоду. Оставшиеся карты разделяем еще раз на две кучки, опять смотрим, нет ли снизу пик, если есть, то отбрасываем.

Количество оказавшихся в нижних рядах пик и есть количественная характеристика чувств, их яркости, интенсивности, упорства и силы. Имеет значение не только число выпавших пиковых карт, но и их очковое значение. Туз, десятка, король, дама говорят о более сильных чувствах, чем девятки, восьмерки и т.д.

Теперь займемся поиском содержательных символов. Оставшуюся колоду – не тасуя – начинаем раскладывать на две части, следя при этом, не появятся ли на обеих кучках одновременно (раскладываем картинкой вверх) одинаковые изображения. Если картинки совпали, начинаем новую группу из двух частей и так каждый раз, как только картинки совпадают, переходим к новой группе. Совпавшие картинки имеют фиксированные значения. Если совпали тузы – это любовь. Короли – уважение. И тузы и короли – намерение жениться. Даты – если черные, значит, ревнуют, красные – у него есть другая. А если одна дама красная, вторая черная, то Вас ревнует, а сам изменяет. Валеты означают дружбу.

Десятки – когда две черные, то король плохо отзывается, две красные – Вас восхваляют, одна красная, другая черная – король перебирает спрашивающему косточки.

Девятки означают страсть, влечение, если обе черные, значит, оно приобрело мрачный оттенок.

Восьмерки – он хочет Вас видеть. Найдите способ почаще попадаться ему на глаза.

Семерки – знак ожидания инициативы от Вас. Проявите ее.

Шестерки – любит, но не надеется. Если Вам его жаль, обнадежьте его.

ГАДАНИЕ НА КАРТАХ

(по материалам Het Monster)

Любовные, и не только, гадания на картах — непременный атрибут любовной магии. Чтобы разложить карты, нужно взять колоду до шестерок включительно, по возможности неигранную (вообще колодой, служащей для гадания, не следует играть), перетасовать, снять их левой рукой и, вынимая по три карты, искать свою, причем:

— неженатые и незамужние берут короля и даму бубен.

— женатые и замужние берут короля и даму червей.

— особы пожилые могут брать себя во всяком случае королем или дамой треф.

Слегка обратить внимание на карты, находящиеся в этой тройке (см. Значения карт). Свою карту вы кладете на стол и снова тасуете колоду. Отрешившись от всяких побочных мыслей, задаете медленно вопрос: «Что будет?» И снимаете колоду на свою карту, то есть «на сердце». Это самая главная карта, она дает вам понятие о том, что ближе всего касается вашего сердца или кто очень думает о вас. При этом все фигуры обозначают лиц, думающих о вас, вспоминающих вас.

При этом первая карта на сердце:

Король или дама – думает о вас, вспоминает вас.

Валет – заботы или хлопоты, если рядом с валетом король той же масти, то валет означает его мысли.

Дама пик – скука (будете тосковать).

Десятка и восьмерка пик – болезнь.

Семерка пик – неприятности.

Шестерка пик – потеря, пропажа.

Кроме того, особенно неприятными картами на сердце считаются те пики и трефы, у которых одно очко посередине и если они лежат острием вверх:

Семерки и девятки пик – непременные слезы.

Туз треф – неуспех в делах.

Туз пик: острием вниз – что-то более или менее серьезное вдруг неприятно поразит или оскорбит вас, острием вверх – вы или испугаетесь, или получите неожиданный удар.

Туз бубен – письмо.

Туз червей – пакет.

Девятка или десятка бубен – получите деньги.

Девятка или десятка червей – радуйтесь, вы будете довольны!

После этого вы опять берете колоду, не тасуя (колоду всегда держать закрытой стороной), кладете ее над головой своей карты и оставляя нижние карты (приблизительно четверть колоды), не глядя перекладываете колоду к ногам и, оставляя там приблизительно такую же часть колоды, перекладываете колоду назад (за спиной своей фигуры) и, наконец, остальное кладете в ту сторону, куда обращено ее лицо. Затем вы берете первую пачку карт (над головой) и, снимая по одной две верхние карты, кладете их рядом открыто над головой, вторую пачку (в ногах) кладете на оставшуюся в руках первую пачку, и кладете две верхние карты рядом в ногах, потом делаете то же самое с третьей и четвертой частью колоды и получаете по две карты с четырех сторон своей карты. Потом снимаете две верхние карты и кладете их в верхнем углу за спиной своей карты, затем две, также в нижнем углу впереди, в верхнем – впереди, и в нижнем – позади, причем вокруг вашей карты получается 16 карт. Остальные тасуете, отбрасываете 3 верхние карты, а четвертую кладете на сердце, опять отбрасываете три и кладете четвертую и так, пока на сердце не получится 4 закрытых карты, с первой всего пять.

Вы берете в руки четыре карты на сердце и рассматриваете их. В них то будущее, которому суждено ближе всего коснуться вашей внутренней жизни. Если в них преобладают пики (кроме фигур), то в ближайшем будущем вас ждут неурядицы, а фигура при этом покажет от кого. Но эти плохие карты только тогда всецело ложаться на вас, если они приходятся за спиной имеющейся тут же фигуры. Перед ней все худое относится к ней, но касается и вас. Преобладание червонной масти на сердце – всегда вестник радости и счастья.

Пара карт над головой, как и остальные три пары, перед вами обозначают близкое будущее (исполнится в течение одной-двух недель).

Пара карт под ногами – преходящее, т.е. то, что есть, или будет и уйдет. Если это болезнь или вообще неприятные карты, то они придут и уйдут, что очень нежелательно. Плохо только, если какая-нибудь фигура, в которой вы угадываете близкое лицо, будет в вашем гадании часто находиться у вас под ногами — оно скоро исчезнет в вашей жизни. Навсегда или временно — это вопрос.

Две карты за вашей спиной показывают прошлое или то, что делается теперь.

Две карты в верхнем углу позади — то что теперь делается вдали от вас.

Две задние в нижнем углу — самое далекое будущее.

Если, кроме того, в вашем гадании выпали сразу:

Все 9 червей — вы будете очень счастливы.

Все 9 бубей — вас ждут неприменные деньги.

Все 9 пик — предвещают горе.

Тузы вообще обозначают время:

Дни — если стоят на масти.

Близкое будущее и время года — если стоят в заднем нижнем углу на картах.

Могут по существу иметь время, если вопрос и интерес гадания состоит в том когда что-нибудь случится.

4 Туза — исполнение желания, приятная неожиданность. Если при этом выпадают и

4 десятки, то в ближайшем будущем вы будете иметь момент (час, день, неделю) безграничной радости. Это счастливейшая комбинация гадания на картах и влечет за собой радость с довольно основательными последствиями, но увы эта комбинация выпадает настолько редко, насколько редки моменты счастья в нашей жизни!

4 Короля – хорошие дела, успех. Если же они выпадают в гадании для постороннего человека, то это показывает его положение в свете, он человек из хорошего общества.

4 Дамы – нежелательны в гадании для дамы. О вас сплетничают, но если одна из дам при этом находится рядом с вами, то близкая вам женщина разносит эти сплетни. Черная карта при ней указывает на врага, червонная – на друга. Гадая мужчине 4 дамы указывают на то, что он окружен дамами и вообще любит дамское общество.

4 Валета – обозначают предстоящие хлопоты, а если при этом один из них лежит на сердце – заботы, тяжелые или нет, смотря по тому, светлые или темные карты пробладают перед вами. Червонные карты уничтожают дурное значение черных карт при своем же короле, хотя бы и не рядом, валет обозначает его мысли, намерения. При девятке или десятке червей – король с валетом обозначают его страстное желание видеть вас. В

преобладании валетов, а не королей вы можете видеть ту простую среду в которой вращается особа, которой вы гадаете.

4 Десятки — исполнение желания, хотя и не сердечного. Вообще же десятки — деловые карты. Чем больше они групируются, тем более блестяще пойдут ваши дела.

4 Девятки — удивление, приятное или нет, смотря по девятке, ближайшей к вам, и вообще по картам впереди.

4 Восьмерки или 4 Семерки — почти не имеют значения, если не принять во внимание то, что преобладание мелких карт вообще обозначает безотрадное время, безденежье, тем более если эта мелочь преобладает впереди, это называется «серенькие дни». Вообще же призвание восьмерки — обозначать дом, комнату соответствующей дамы, тогда как туз обозначает дом короля. Иногда 4 восьмерки обозначают удар, а 4 семерки — интригу.

4 Шестерки — исполнение желания. Вообще же роль шестерки — обозначать дорогу. Несколько шестерок перед вами или над головой, под ногами обозначают дорогу для вас. Иначе шестерки обозначают дороги соответствующих тут же действующих лиц к вам. Шестерка вообще не соответствующей масти при фигуре показывает, какая дорога ей предстоит:

Шестерка пик – темная, ночная,

Шестерка треф – вечерняя,

Шестерка бубен – маленький близкий путь,

Шестерка червей – прогулка.

Туз треф при пиковой или трефовой дороге обозначает железную дорогу,

Туз пик – дорогу на лошадях.

Чем больше крупных карт в вашем гадании, тем будущее полнее интереса и происшествий и тем лучше будет ваше материальное положение в ближайшем будущем.

Значения карт

ПИКИ

Туз пик – ночью, зимой. Потеря, печальное письмо, удар, испуг, неприятность, раскаяние при короле по отношению к дамам. Острием вверх – страстная любовь; дом богатых солидных людей, чужой дом.

С 10 пик – неожиданное получение денег.

С 10 бубен (по бокам вашей карты) – ссора из-за денег.

С какой-нибудь шестеркой — поездка на лошади,

С тузом треф (оба острием вверх) — испуг.

Король пик — солидный господин, враг, дурной человек, соперник;

С пиками — предвещает благо.

С трефами — противодействие и злодейство.

С 8 пик (по бокам вашей карты) — продолжительные неприятности и горе; если тут же король бубей — помощь благородного человека.

С дамою и валетом — помощь почтенного человека, почтенная семья.

С трефою — его ненависть.

С бубною — его расположение.

С червою — его расположение.

Дама пик — старуха, скука, сплетня; дурная женщина, помеха, ссора. Между двумя фигурами — размолвка между ними, (возле вашей карты) — горе, неприятности, тем более при 7 треф или 9 пик.

С пикою вообще — добрая старушка.

С трефою — злодейка.

С бубною – жадная, завистливая женщина, препятствующая в делах и в любви.

С 9 червей – счастье.

Валет пик – ссора или драка, дурной или черноволосый человек, простолюдин, дурная весть, мысли пикового короля.

С пикою вообще – верный союзник.

С трефою – лгун, завистник, сплетник.

С бубною – сообщник, вестник, пьяный человек.

С червою – друг.

С дамою пик – большая ссора, драка.

С 8 пик – большая неприятность между влюбленными.

Десятка пик – черная вещь, болезнь, при короле, даме – брачная постель; несбыточные желания, неудачи, при таком же короле, даме – интересуется.

С тузом пик – неожиданное получение денег.

С 9 пик – несчастье.

С 9 треф – неприятность в денежных делах.

С тузом бубен – траурное, печальное письмо.

С одним из тузов – фальшивое письмо.

С 8 пик – болезнь, с одной из 8 – неприятное известие.

С 7 пик – неожиданное известие о перемене обстоятельств.

С 7 бубен – неожиданное предложение.

С 10 треф – выздоровление от болезни.

С 10 червей – большой денежный интерес в будущем.

Девятка пик – сборы в дорогу, потеря друга, при таком же короле, даме – любовь, при другом короле – имеет нескромные желания к даме; девятка пик острием вверх – ссора, слезы.

С тузом пик – болезнь.

С тузом треф – польза или вред (смотря по ближайшей светлой или темной карте).

С тузом червей – близость мужчины, женщины, радостное пребывание с другом.

С тузом бубен – хитрость и обман близких.

С 10 пик – неожиданное получение денег.

Восьмерка пик – неудача, печаль, разговор, болезнь, комната, квартира солидной особы, при семи пиках не следует гадать в этот день, при девяти трефах – несчастье.

С валетом червей – известие болезни или смерти близких или знакомых.

С 7 треф – измена возлюбленной.

При четырех королях – кутеж, пьянство.

Семерка пик – неожиданность, обман; острием вверх – слезы, ссора, потеря друга, дома, где живешь, при даме – дама в интересном положении.

С валетом бубен – изображает купца.

С валетом треф – несчастье от врагов.

С 10 пик – неожиданное известие о перемене обстоятельств.

С одной из восьмерок – угощение.

При фигуре – неприятность, тем более при 9 пик – горе в родне.

С 6 бубен – неприятности в доме.

Шестерка пик – дальний путь, поздняя дорога, при вашей карте – потеря.

С пикою – веселая дорога. С трефою – неудачная дорога.

С 9 или 10 бубен – (с правой руки к левой) – дорога за деньгами.

С 7 или 8 бубен – беспокойство и хлопоты о деньгах.

С червою – дорога и свидание с дорогими людьми.

С трефою (над головой) – удачный исход дурных намерений гадающего.

БУБНЫ

Туз бубен – днем, летом, письмо (ближайшая фигура покажет, от кого), весть; при фигуре – человек занимающийся письмом.

С бубной – скорое получение денег.

7 или 9 или 10 червей – радостное или любовное письмо.

С трефой или пикой – отдаление желанной минуты, большие хлопоты.

С 6 треф – свидание или разговор в сумерках.

С 9 пик – хитрость, обман близких людей.

С 10 червей – любовное письмо.

С 10 пик (слева) – траурное или печальное письмо.

С 10 бубен – денежное письмо.

Король бубен – молодой человек, любовное свидание, знакомство с будущим милым, холостой человек (если тут нет дамы бубен).

С 10 бубен (при валете) – поддержка в будущем от нового знакомого или будущего жениха.

С 6 бубен – непременное исполнение желаний.

С червой – веселье, забвение прошлого и перемена –жизни.

Дама бубен – молодая девушка, неверная женщина, служанка. С валетом бубен и 10 пик – неприятный гость.

С 9 червей – для женщин хорошо, для мужчин – воровство.

Валет бубен – мальчик, посланный, доверенная особа, благополучные вести, с фигурой определяется ее характер (человек сомнительный, материалист), мысли бубнового короля.

С 7 пик – купец.

С королем — человек коммерческий, фальшивый.

С 7 пик или 9 бубен — враждебный человек, скорая измена

С дамой треф — нехорошо.

С 6 треф — неожиданная и скорая поездка с каким-то королем.

Когда король, дама и валет бубен с картой масти гадающего(-ей) особы — успех в денежных делах.

Десятка бубен — деньги, деревня, подарок, свидание, в головах — получение денег; при таком же короле, даме — интересуется; с первой лицевой.

С тузом пик (по бокам вашей карты) — ссора из-за денег.

С 9 бубен — непременное и скорое получение денег.

С 8 бубен — отдаленное получение денег, большие деньги.

С 7 бубен — успешные хлопоты о деньгах.

С 6 бубен — полнейшее исполнение желаний, получение денег.

С 6 пик (справа) — дорога за деньгами.

С валетом треф – успех в денежных делах.

С 10 треф – непременное получение денег.

С 7 червей – большое наследство, получение денег.

С 9 червей – прибыльная работа.

Девятка бубен – карта денег (см. 10 бубен) при таком же короле, даме – любить.

С 6 пик (справа) – дорога за деньгами, неприятный случай, неудача.

С валетом червей – избежание неприятного путешествия.

С 10 бубен – непременное и скорое получение денег.

С четырьмя королями – веселый разговор.

Восьмерка бубен – разговор о деньгах, ненависть, приятные сны, мечты.

С треф 8 и 6 червей – весть о пожаре.

С королем или дамой пик (по бокам вашей карты) – вред от фальшивого и дурного человека.

С валетом червей – разговор о деньгах.

С 10 бубен – отдаленное получение денег, большое получение денег.

С 7 бубен (возле фигуры) — ее неверность, непостоянство.

Семерка бубен — радость, неверность, хлопоты, дела; деловое свидание, покупка, продажа, коммерческая сделка (хорошая или дурная, смотря по ближайшей карте), маленький подарок из золота, серебра и вообще металла, мысли дамы бубен.

С фигурой — счастливое происшествие.

С 10 пик — неожиданное предложение.

С 10 бубен — успешные хлопоты о деньгах.

Шестерка бубен — самая счастливая карта, смягчает даже дурное значение туза пик. Скорая, веселая дорога, исполнение желания; дорога бубнового короля, дамы.

С 9 пик — горе в родне.

С 10 и 9 пик — болезнь, даже смерть.

С 10 бубен — полнейшее исполнение желания в получении денег.

С 9 пик — смерть.

С 7 бубен — неприятности в доме.

ТРЕФЫ

Туз треф – вечером, осенью, ложный слух, казенный дом, успех; острием вверх – неуспех, подарок (ближайшая фигура показывает, от кого), без фигуры – подарок от незнакомого, трефовый дом (дом солидных людей).

С шестеркой – железная дорога.

При короле (по отношению к даме) – нескромная любовь, ухаживание.

С 7 треф – выигрыш дела, победа.

С 9 червей – нежная любовь.

С 6 треф – свидание и разговор на улице, вообще в дороге, вечером; при пиках – смерть.

С 9 пик – скорое известие о пользе; острием вверх – о пользе.

С королем треф – счастливый исход задуманного предприятия скорое исполнение желания.

Король треф – военный человек, верный друг, друг спешит.

С трефами – близкий человек, друг, муж, жених, любовник; вообще же предвещает счастье.

С 9 треф (острием вниз) — влиятельное лицо, благосклонный человек; (острием вверх) — неприятности с этим человеком.

С 8 треф — слухи о предприятиях на море, гибель корабля.

С тузом треф — счастливый исход задуманного дела, исполнение желаний.

С валетом треф при вашей карте (если вы не трефовой масти) — большое горе.

С одной из шестерок — дорога для получения интереса. Если король треф не попадает в гадании — неуспех.

Дама треф — солидная дама, приятельница, незаконное дитя.

С дамой пик (при вашей карте) — дурные обстоятельства, суды, неприятности из-за женитьбы.

С 8 треф — помощь родственницы или близкой женщины.

Валет треф — человек в форме или военный ниже офицерского чина, приятель, заступник и друг, без туза или без короля — большие хлопоты, на сердце — казенные хлопоты, мысли короля треф. Если валет треф выпадает первый в гадании – верное гадание.

С 7 пик (бывает редко) – несчастье вследствие козней врагов, между двумя дамами – неверная жена.

С 10 бубен – успех в денежных делах.

С 8 треф – военный человек, неожиданный оборот счастья.

Между двумя валетами – беспокойное будущее.

Десятка треф – перемена; при пиках – обман надежды, бедность, работа, при фигуре – деловой человек, большая опасность, пожары; при червах – находка, счастье в лотерее; при таком же короле, даме – интересуется.

С 7 треф – радость, известие о делах.

С 6 треф – нечаянное предложение отъезда.

С 10 бубен – неприменное получение денег.

С 10 червей – успех в любви.

С 9 треф – веселье с близкими людьми, удивление.

С 8 треф – скорое получение больших денег, наследство, богатство, счастье.

С 9 и 8 или 7 треф — одна из самых счастливейших комбинаций, очень хорошо.

С тузом треф — перемена к лучшему.

С 7 пик (без туза) — обман, слезы.

С 7 и 6 треф — большое общество.

Девятка треф — наследство, сомневается, карта отсутствия; при фигуре указывает, что она исчезнет из вашей жизни; приятный разговор; острием вверх — досада, сплетни, слезы. При таком же короле, даме — любить.

С 9 или 10 червей — успех в любви.

С бубной — верное получение денег и бесполезная трата их на удовольствие.

С червой — взаимная любовь.

С 10 пик — неприятность в денежном отношении.

С валетом червей — путешествие.

С королем треф — влиятельное лицо, благосклонный человек.

С 10 треф — веселье с близкими людьми, удивление.

С 10 и 8 или 7 треф — одна из счастливейших комбинаций.

Восьмерка треф – слезы, смерть близкого человека, досада; темная, цветная вещь; комната солидных людей.

С тузом треф – успех, острием вверх – неуспех.

С королем треф – слухи о море, гибель корабля.

С дамою треф – помощь родственницы или близкой женщины.

С валетом треф – неожиданный оборот счастья в пользу гадающей особы.

С 10 треф – скорое приобретение недвижимого имущества, получение наследства, богатство и счастье.

С валетом червей – разговор об убытках.

С 7 треф (перед вашей картой) – неожиданное счастье.

С 7 треф и тузом червей – счастливое замужество или наследство.

Семерка треф – близкая дорога, известие об успехе, наследство, мысли дамы треф, острием вверх – слезы.

С тузом треф – выигрыш дела, победа.

С 10 треф — богатство и счастье (то же, что 9 и 8 треф).

С 8 пик — гадающему мужчине изменяет его жена, возлюбленная.

С валетом червей (при 4-х дамах и семерках) — близкое рождение сына.

С 10 червей (при трех остальный 7 и дамах или валетах) — близость интересного положения.

Шестерка треф — морская дорога, бесполезная дорога, свидание на улице, в саду; путь в указанное место, дорога трефовой особы, между фигурами — большое гуляние.

С 10 треф — нечаянное предложение отъезда.

С тузом червей (при фигуре) — свидание утром.

С тузом бубен — свидание днем.

С тузом треф — свидание вечером.

С тузом пик — свидание ночью.

ЧЕРВИ

Туз червей — подарок, пакет, утром, весною; червонный дом (дом женатых людей).

С тузом бубен — радостное письмо,

С 10 пик — печальное письмо.

С валетом червей — приятное известие.

С 6 треф — свидание и разговор на улице, вечером.

С 9 пик — кутеж и наслаждение, свидание и расположение друга.

Король червей — женатый человек (при такой же даме); неожиданная встреча, приход, радостные вести.

С пикой — неприятность.

С бубной — получение денег.

С трефой — хлопоты.

С червой — успех.

Дама червей — замужняя женщина.

С 6 и 10 червей — слезы для гадающей, но при валете треф — неожиданная радость.

С червой – успех в любви для мужчины.

С др. мастями – успех в неопределенном будущем.

С 10 червей – друг.

Валет червей – русый, простолюдин, неприятный гость, благополучные вести, веселая компания, мысли червонного короля.

С червой – успех.

С тузом червей – приятное известие, объяснение в любви.

С 9 треф – путешествие.

С 9 бубен – избежание неприятного путешествия.

С 8 червей – сердечный разговор.

С 8 бубен – разговор о денежном интересе.

С 8 пик – известие о болезни или смерти ближнего.

С 8 треф – неприятный разговор.

С дамой или королем – гость.

С 7 треф (при 4 дамах или семерках) – скорое рождение сына (при этом 4 туза обозначают ум и богатство сына).

Десятка червей – город, счастье, на сердце – радость, в головах свадьба, любовь (платоническая).

С дамою – любовь и верность любимой женщины.

С королем – любовь и верность любимого человека.

С 10 бубен – большой денежный интерес в близком будущем.

С 7 треф – при трех остальных 7, при дамах или валетах – близость интересного положения для гадающей.

С 8 червей – уединенное свидание с любимой женщиной.

С 7 червей – уединенное свидание, утешение в горе.

С 6 бубен – веселье в гостях.

С 9 червей (при полной червонной масти) – полное наслаждение любовью, при даме или короле – свадьба; иначе перемена в квартире.

С 6 червей – радостное свидание.

С 9 треф – любимая особа отдаст вам свое сердце, весть или вещь от любимой особы.

С 10 треф – успех в любви.

С тузом бубен — любовное или радостное письмо.

Девятка червей — любовное письмо, неожиданность (приятная или неприятная, смотря по ближайшей карте); любовь вообще. При всяком короле, даме — любить.

С 10 червей, при полной червонной масти) — полное наслаждение любовью, при короле, даме — свадьба.

С 8 или 7 червей — свидание с любимой особой.

С 9 треф — любимая особа отдаст вам свое сердце; весть или вещь от любимой.

С какой-нибудь шестеркой — неожиданная встреча.

С дамой пик — счастье.

Восьмерка червей — веселый разговор, удовольствие, дальняя дорога, комната червонной особы.

С валетом червей — сердечный разговор.

С 7 треф — неожиданное счастье (слева).

С 10 червей — уединенное свидание.

С 9 червей — свидание.

С 10 бубей (возле вашей) – получение денег, большое наследство.

Семерка червей – веселье, перемена в жизни, мысли червонной дамы.

С 10 пик – неожиданное предложение.

С 10 червей – приятное уединенное свидание.

С 9 червей – свидание.

С 4 королями – веселый разговор.

Шестерка червей – прогулка, препятствие и задержка в делах (но не в любви); дорога червонного короля, дамы.

С червой – путь к дорогой особе.

С 10 червей – дорога и сердечное свидание.

Все девять червей – успех в любви несомненный.

Ребенок в любви

Как известно, от любви получаются дети. Этого я в данной книге коснусь очень кратко, так как, вообще-то, она уже выходит за рамки нашей темы. Но кое-что женщине, любимой и любящей жене и матери, знать просто необходимо.

Заговор от всех болезней при рождении

Человек родился, крест водрузился, и сатана связался сильнее и Бог прославился, во имя Отца и Сына, и Святого Духа, ныне и присно и во веки веков, аминь! Святый Отец Остафий и Святый отец Наумий, поставь его Господи, раба Божия (имя) на святое место, про Божие думать и Божие делать: Святый Дух найдет на него и вся небесная возсияет на него, и вся вышняя мимо идет его, Спасова рука, Христова печать, Божией Матери Крест, во имя Отца и Сына и Святого Духа. Аминь! Аминь! Аминь! Как Господь Бог, Иисус Христос, установил источники, реки и потоки, тако установи и утиши болезнь и недуг в рабе Божием (имя) политвами Пречистыя Богородицы и Присно-девы Марии и всех Святых и Небесных Сил. Во веки веков. Аминь! Аминь! Аминь!

Фазы внутриутробного развития ребенка

Вы беременны и ждете ребенка. Теперь уже многие знают, что ребенок внутри Вас уже с первых недель беременности требует Вашего внимания и общения, и оттого, что с Вами будет происходить, во многом зависит, какими будут психика и здоровье будущего ребенка.

И здесь мы с Вами затронем тему, что происходит с ребенком на каждом этапе внутриутробного развития, какие качества в какой момент закладываются, и на что должна обращать внимание будущая мать.

Циклы женского организма очень тесно связаны с циклами Луны (в то время как мужского с Солнцем), и развитие плода тоже связано с лунными циклами и укладывается в 10 лунных месяцев (лунный месяц немного короче солнечного, в нем 28 дней).

Первый лунный месяц.

Формируется физическое сердце ребенка. Сердечная мышца эмбриона начинает работать уже на второй неделе его развития. С точки зрения астрологии первый лунный месяц с момента зачатия протекает под влиянием Солнца. Солнце — показатель человеческого Духа. Это период формирования в человеке мужского активного начала — янь, формирования сознания, отношения к отцу. Поэтому на родителях лежит особая ответственность: как ведут себя они, таким сформируется ребенок. Если это период тоски и печали, или время подъема и активности, — такие же качества будут преобладать в ребенке.

Второй лунный месяц.

Проходит под влиянием другого светила — Луны. Луна — символ Души. Астральные токи заставляют женщину реагировать на все внутренние и внешние раздражители. Это время формирования подсознания и всех качеств человека, относящихся к женской природе — инь. Формируются мужское и женское начала. Луна влияет на систему желез, на мозг, грудь, желудок, и все жидкости в организме. Она управляет эмоциями, закладывает безусловные реакции и инстинкты, производит болезнь, поэтому периоде второго месяца наиболее опасен для инфекций, лекарств, отравляющих веществ.

Третий лунный месяц.

Формирует активное проявление творческого потенциала. В этот месяц родителям противопоказана физическая близость, скандалы. Только тактичность друг к другу. Знайте: будущий ребенок все слышит внутри. И если у него возникнет чувство ненужности, то в его сердце вложится ожесточение и ненависть к окружающим, а заодно раздражение и протест против родителей. В ребенке в этот месяц формируется сила воли и сила духа, страсть и мужские качества, стремление к свободе, смелость или трусость, подлость или прямодушие. В этот месяц формируется голова, составляющая около половины длины плода. Конечности хорошо дифференцированы и начинают двигаться, можно ясно различить пальцы и даже зачатки ногтей. Появляются точки окостенения (к 10 неделям) в бедренных костях, костях голени и в нижней челюсти, затем к 12-13 неделям — в костях черепа, позвонках. Младенец проявляет активность еще почти нечувствительную. В 3,5 месяца проявляется пол у зародыша.

Четвертый лунный месяц.

Плод более подвижен. У женщины возникает желание перемен. Сонливость, апатия и раздражение отходят. Прислушайтесь, на что будут направлены ваши желания, дорогие женщины, это может определить интересы вашего ребенка. Каждый контакт с внешним миром отразится на нем. К концу месяца женщины иногда чувствуют первые шевеления. Уже можно общаться с ребенком. Он будет по-своему отвечать на вопросы матери. К концу четвертого месяца намечаются первые слабые дыхательные движения, мускульные движения становятся энергичными. Точки окостенения выражены на черепных, тазовых костях, на позвонках, фалангах костей; наблюдается полное окостенение большого пальца.

Пятый лунный месяц.

Неплохо бы родителям обратить внимание на духовность во всем: в чтении литературы, во взаимоотношениях, т.к. в этот месяц формируется отношение к обществу, государству, религии, и т.д. На первый план выдвигается роль отца: ребенок чувствует его отношение. Отец будет формировать с этого момента систему ценностей, стремление к истине. Главное — не сформировать ребенка подхалимом и приспособленцем. Появляются сальные железы, в подкожной клетчатке откладывается жир, кожа покрывается нежным пушком. В кишечнике образуется меконит, окрашенный желчью. Ясно определены ногти на пальцах. Плод производит дыхательные движения, хорошие сердечные сокращения. В скелете 260 точек окостенений, из них 53 – в черепе.

<u>Шестой лунный месяц.</u>

Разворачивается вся женская сущность будущих мам и их отношений с будущим отцом. Любовь к друг другу, нежность и понимание, уединение с Природой, обращение к искусству, прекрасному. В этот месяц у ребенка формируются чувства и эмоции. Он начинает реагировать на музыку.

<u>Седьмой лунный месяц.</u>

Становление психики ребенка. Мамам не мешало бы обратить взор внутрь себя, посвятить месяц глубоким философским раздумьям, сократить общение, можно заняться хозяйством, домом. В это время может ломить кости. Организм готовится к родам. Но мать постоянно должна помнить, что только при ее постоянной любви к будущему ребенку у нее(него?) будет нормально проходить психическое созревание. Именно сейчас закладываются в будущем человеке внутренние духовные ценности, формируются разум и рассудительность. Важен и второй момент: матери необходимо исключить из своих ощущений чувство тоски и одиночества, иначе может сработать несовместимость двух жизней и ребенок родится раньше времени. В этом месяце ребенок больше всего спит. Однако слух его обострен. Он реагирует на звуки, голоса, музыку, на настроение матери. Если посмотреть на физическое состояние плода, то его органы еще недостаточно развиты, хотя вес (около 1200 г) удваивается по сравнению с 6-ым месяцем: недоразвит подкожный слой, кожа красная, покрытая сыровидной смазкой (секрет сальных желез), волосяной покров — 0,5 см длиной, ушные и носовые хрящи мягкие, яички у мальчиков не опустились в мошонку, малые губы у девочек не прикрыты большими, ногти не достигают концов пальцев. Плод имеет старческий вид и может погибнуть после рождения в этом периоде.

Восьмой лунный месяц.

Отмечен влиянием Урана. Центральная нервная система, сосуды, способность к открытиям космической причины вещей закладывается на 8-м месяце. Подключается центр ясновидения. В этом месяце организм женщины очень чувствителен к космическим токам: то бессонница, то поиски смысла жизни, то новые причуды. И опять сильно влияние отца на сознание будущего человека.

Девятый лунный месяц.

Поэтому не удивительно, что на 9-м месяце, после 8-го, у матери отеки, слезы, капризы, обида, бессонница. Но надо помнить, что сейчас мать как никогда должна любить ребенка, но не чувственной любовью, а любовью мира идей и идеалов. Поэтому ей важно уйти от своих собственных переживаний и отдать любовь сыну или дочери.

Десятый лунный месяц.

Ребенок стремительно прибавляет в весе, формируется регенерация, восстановление жизненных сил. Скоро он появится на свет.

Порчу снять с младенца

Если ребенок ведет себя беспокойно, плачет беспричинно, не спит, а лечащий врач не находит причины, то следует думать о сглазе.

Если кто заметит матери, что младенец ее красив и здоров, словом, похвалит, то мать, чтобы не взяли младенца уроки и призоры, пусть сделает так: нужно облизать ребенку три раза лицо и каждый раз сплюнуть на землю, затем сбрызнуть его, водой, на которую нашептывали 9 раз:

Матушка-вода, обмываешь ты круты берега, желты пески и бел-горяч камень своей быстринной золотой струей. Не обмой-ка ты свои круты красны берега, желты пески и бел-горяч камень, обмой-ка ты с раба Божьего (имя) все хитки и притки, уроки и призоры, скорби и болезни, щипоты и ломоты, злу худобу!

Понеси-ка ты матушка быстра река их в чистое поле, земное море, за потучия грязи, за зыбучие болота, за сосновый лес, за осиновый тын! Будьте мои слова крепки и лепки в договоре впереди, не договоре позади. Ключ в море, язык в рот.

Примечание: воду можно заговорить впрок и хранить ее для такого случая. Перед этим заговором на воду начитывается 1 раз Молитва Господня. При необходимости можно вести лечение после захода Солнца, но утром повторить.

Необходимо поставить таз воды, в которую опускают три угля читая молитву Отче наш, Символ Веры, Матушка Мария, целитель омывает эфирную оболочку больного, начиная с области головы и стряхивает руки в воду. Закончив читать молитвы, обе руки поднимаем ладонями к больному, читаем заговор. Таз с водой должен стоять между больным и целителем.

Матушка вода, обмываешь ты крутые берега, желтые пески, белые горючие камни, своей быстриной и золотой струей. Не обмойка-ка ты свои круты красны берега, желтые пески и бе-

лый горячий камень, обмой-ка ты раба Божьего младенца (имя) все хитки и притки, уроки и призоры, скорби и болезни, щипоты и ломоты, злу худобу. Понеси-ка ты, матушка быстрая река своей быстриной, золотой струей в чистое поле, земное море за топучия грязи, за зыбучия болота, за сосновый лес, за осиновый тын! Будьте мои слова крепки и лепки в дозоре и договоре впереди, в не в договоре назади. Ключ в море, болезнь и лихо на дне, а язык во рту на замке. Аминь (33 раза).

Приготовить банку святой воды, зажечь свечу, прочесть над ребенком молитвы Отче наш, Символ Веры и Живые в помощи. Затем побрызгать водой в область лба, пупка, левого плеча, правого плеча святой водой и приговаривать:

Как эта белая береза стояла в чистом поле, не знала ни уроков, ни призоров, так и ты, младенец, раб Божий (имя), не знай ни уроков, ни призоров, ни беды, ни худобы, ни сглаза, ни недоброго глаза, и будь здоров во имя Бога. Тьфу, беда! Святой Дух всегда! Аминь, аминь, аминь.

Через час ребенка можно вымыть горячей водой. Воду слить там, где люди не ходят.

Берут из трех прорубей или колодцев воду, которой обливают больного три раза: при черпании воду всегда размахивают посолонь, а почерпнувши приговаривают:

Царь речной! Дай воды наболтанной, на леготу, на здоровье рабу Божьему (имя).

Когда несут воду, не здороваются и не говорят.

Зачитываем пять молитв, потом следует заговор. Взять с трех колодцев или из трех разных источников воду и устроить место и сосуд, окрестить его. Поставить четыре свечи зажженные и поверх сосуда положить два ножа крест накрест, после чего лить воду в сосуд да в ту же воду положить меди зазванного колокола и читать молитвы трижды:

Глас грома твоего осветит молния твоя вселенная, подвиже и трепетна бысть земля, в море пути твои, и слезы твои в водах многих и стопы твоя подвижутся, поставил есть овцы–люди твоя – рукою Моисеевою и Аароновою.

Ту воду пить да тою ж водою окатиться. После говорите:

> И яко потрясением поколебатися в сем умом человеческим. Аминь, аминь, аминь.

Обводя больное место выпавшим сучком от сосны говорят:

> Как у матушки сухой сосны сохнут и посыхают сучья и коренья из белой болони и красного сердца, так-бы сохло и посыхало у (имя) уроки, и призоры, и притки с буйной головы, с русых волос с крови горячей и трепещущего тела.

А сейчас хочу привести несколько бабушкиных советов.

Молодые мамы должны помнить, что колыбель или коляску без ребенка качать нельзя. Иначе ребенок спать спокойно не сможет. (Колыбель уже приглянулась бесу).

Нельзя, закинув ногу на ногу, качать ногой — это вы качаете беса.

Ароматы любви

Для сексуального притяжения и возбуждения люди с древних времен используют усиление индивидуальных сексуальных запахов, эфирных масел и благовоний. Большинство женщин связывают сексуальность с мускусным запахом. Аромат лаванды, иланг-иланга, колы, кардамона – настоящий эликсир для мужчин, так как увеличивает приток крови к пенису на 40%. Большинство мужчин считает, что самый лучший запах женщины – это естественный запах ее кожи, волос и т.д. Лучше женщинам пользоваться не духами и дезодорантами, а применять натуральные средства, улучшающие запах тела. Наружно применяют сок свежей травы или пастой дягиля, тысячелистника, любистока, чабреца, коры дуба. Внутрь применяют чай из шалфея и дягиля. Также стоит применять травяные ванны. Под простыни желательно положить листья мяты, а в подушку зашить цветы лаванды. Эти ароматы будут разжигать ваши страсти. Очень хорошо сделать свои магические привораживающие духи. Для этого нужно купить в аптеке лимонное масло из плодов растения вербена американская. По латыни оно называется лолеум цитрикум. Во время менструации возьмите тампон с кровью и поместите его в 0,5 стакана кипяченой воды. Добавьте туда же две капли масла и дайте настояться 4-5 дней. Это и будут Ваши магические духи.

Для приобретения приятного запаха изо рта нужно перед выходом на улицу и еще 2-3 раза в день жевать корень аира болотного.

Волосы под мышками обязательно нужно сбривать, а под мышками ежедневно смазывать красным подсолнечным маслом, тогда этот запах станет привораживающим.

Волосы на лобке сбривать нельзя. Так как, с одной стороны, запаховые выделения из влагалища привлекают мужчин, а с другой стороны, они не должны достигать его ноздрей, а действовать только на подсознательном уровне. А запах волос как раз задерживает и смягчает женские ароматы. Нужно взять любой травы красного цвета, произнести над ней 3 раза заклинание:

Я очень красива.

Затем положить траву в воду, капнуть в нее нашатырного спирта, дать раствору отстояться и, смазав им ладони, провести над волосами на лобке, не прикасаясь к ним. В результате они приобретут привораживающий запах.

Ноги следует мыть с добавлением пищевой соды, но не вытирать их, а высушивать. Сода, соединяясь с потом ног, усиливает привораживающее действие их запаха.

АСТРОЛОГИЯ ЛЮБВИ

АСТРОЛОГИЯ СОВМЕСТИМОСТИ

(по материалам Т. Глоба)

В астрологии взаимоотношения мужчины и женщины принято разделять на несколько уровней.

Первый – это взаимодействие духа и души двух любящих, когда их связывает прежде всего душевная близость.

Второй – земная, чувственная любовь, облекаемая в формы физического влечения, непонятное притяжение, гармоничное взаимодействие двух людей, красота и праздник любовных отношений.

Третий – безумная, испепеляющая страсть,

когда мужчина и женщина могут даже не сочетаться по всем показателям, но их притягивает друг к другу животный магнетизм непонятно из какой глубины берущихся инстинктов.

Четвертый – это высшая космическая любовь, включающая в себя любовь ко всему живому и живущему, стремление к идеалу, когда вы творите в душе образ возлюбленного или возлюбленной, наделяя его или ее совершенными качествами. Часто такая любовь бывает платонической, не требующей взаимности – «Мне ничего от тебя не надо, лишь бы ты был (была)».

А теперь давайте подробнее познакомимся со взаимоотношениями супругов в зависимости от положения Солнца в зодиакальных знаках в момент их рождения.

Овен – Овен. Союз двух Овнов похож на пороховой склад. Даже если все в полном порядке и партнеры воздают друг другу должное – это состояние вечной боевой готовности: неизвестно, когда взорвется. Союз Овнов встречается очень редко.

Овен – Телец. Союз возможен, если под знаком Тельца родилась женщина, а мужчина – Овен. Впрочем, женщина-Телец должна быть безгранично терпелива и безоговорочно признавать первенство Овна – вся домашняя работа будет взвалена на нее. При этом Овен активно добивается любви Тельца. Если Овен груб, союз их будет вечным актом насилия, а если он рыцарь, их ждет земная любовь двух противоположных начал в природе. Союз конфликтный и сложный, может держаться на совместной творческой или деловой программе. Овен дает импульс, Телец реально воплощает идеал безудержного Овна.

Овен – Близнецы. Такой брак похож на яркий, приключенческий роман. Близнецы красиво и ловко ухаживают за Овнами. Те начинают испытывать огромное влечение. Оба импульсивны и подвижны, всегда готовы к подвигам, поездкам, приключениям. Даже в браке и с детьми они могут в любой момент сорваться с места и отправиться на край света. Близнецам нужен сильный партнер, и Овен, если не груб, способен удержать Близнецов. У них часто возникает чувство братской любви. Они и любовники, и друзья. Но Овен-мужчина может страдать от легкомыслия женщины-Близнеца, а неожиданный напор Овнихи может отпугнуть Близнеца-мужчину. Со временем такой брак вырабатывает у обоих супругов оптимальную стратегию и тактику поведения, а общее хозяйство и привязанность к детям делают его еще более прочным.

Овен – Рак. Тяжелое сочетание. В первое время Раку нравится порывистость, горячность и решительность Овна, затем начинаются конфликты и неприязнь. Активная натура Овна наталкивается на эмоциональность Рака, стремящегося обуздать, подчинить, привязать партнера к себе. Часто неоправданная ревность Рака – результат его мнительности – заставляет Овна идти на грубость и разрыв. Рак страдает от резкости Овна, прямодушный Овен – от скрытности Рака. Овен будет стремиться вызвать Рака на откровенность, но никогда этого не добьется, так как Рак – это вещь в себе. Раздраженный Овен уйдет, хлопнув дверью. Брак возможен лишь при нетипичности обоих знаков.

Овен – Лев. Трудный, но творческий и яркий союз... Любовь такой пары напоминает увлекательнейшую игру. Они „заводят„ друг друга непосредственностью чувств. Овны порывисты, импульсивны, но их резкость и грубость может осложнять жизнь со Львами. Если Лев благороден и „не болен гордыней„, а Овен – тихий барашек, любовь и благополучие обеспечены. Брак типичного Овна-военного или Овна-амазонки со Львом возможен и при условии, если Лев честолюбив и стремится к власти. Таких людей часто объединяет совместное творчество в профессиональном плане или дома, в воспитании детей. Если Овен – рыцарь по духу, а Лев – королева, о них можно сказать: «Они жили долго и счастливо и умерли в один день!».

Овен – Дева. Союз редкий, так как Дева не понимает и не воспринимает импульсивную, нетерпеливую энергию Овна. Прохладность, обходительность и кокетство Девы будут разжигать Овна и толкать его к действиям, но, не встретив ответного огня, Овен будет потрясен и быстро перейдет от страсти к раздражению. Овен решит, что его обманули, не понимая, что такова эмоциональная структура Девы. Деву обидит столь резкая перемена, она начнет задевать Овна по мелочам, но никогда не сможет постичь его импульсивной страждущей натуры. Они быстро разойдутся или будут жить как чужие: ведь для Овна любовь — это творчество, а для Девы — неразгаданная тайна.

Овен — Весы. Кто может так притянуть к себе и обольстить наивного импульсивного Овна, как не его полная противоположность — сдержанный, обаятельный, здравомыслящий партнер — Весы? Весам присуще чувство меры и гармонии, а это как раз то, чего недостает Овну. Между партнерами существует сильное взаимное влечение противоположностей. Но союз может развалиться, если Овну будут поставлены жесткие условия, например, бросить курить, раскладывать по порядку вещи и т. д.

Овен — Скорпион. Воистину союз смерти и перерождения для Овна. Он считает себя сильной личностью, не подозревая, что есть еще более сильные. Начинаются комплексы. Прекрасная взаимная сексуальная природа, но бытовые отношения — хуже некуда. Скорпион вымещает на Овне свои неудачи и обиды. В этом союзе Овен или терпит подчиненное положение, или духовно преображается и теряет многие свои качества под влиянием партнера.

Овен – Стрелец. Вот уж кто может взять Овна голыми руками, так это Стрелец! Во всех отношениях Стрелец – наставник Овна, и, несмотря на взаимное желание увлечься посторонними, они держатся друг за друга, понимая, что лучшей пары им все равно не найти. Если представители этих знаков хорошо воспитаны, взаимная импульсивность не будет переходить во взаимные оскорбления. Искры размолвок, как ни странно, лишь разжигают пламя влечения.

Овен – Козерог. Такой союз – одиночество вдвоем. Для Козерога брак – это обретенная почва под ногами. Козерог захочет перевоспитать Овна, направить его эмоции в нужное русло. Отсюда антагонизм, вспышки, разрывы. Если Овен слабого характера, он становится безвольным мужем (или женой). Если Овен сильный, об этом союзе можно сказать: «Нашла коса на камень».

Овен – Водолей. Активного по натуре Овна всегда привлекает готовый к переменам и авантюрам Водолей, идущий на все ради друзей. Брак Водолея, уважающего в партнере личность, свободу и самостоятельность, и Овна, получающего от Водолея ободрение и безграничные просторы для творчества и развития, может стать идеальным союзом.

Овен – Рыбы. Это странный, тяжелый, но часто встречающийся союз всепонимающего «старика» и беззащитного «барашка» или жаждущего власти захватчика (в зависимости от типа Овна) и кроткой, покорной Золушки. Он может держаться на какой-либо идее: религиозной, научной или идее совместного преуспевания.

Телец – Телец. Брак редкий, даже при разных типах Тельца. Такие супруги не сразу понимают свою одинаковость, отношения их развиваются медленно. Но они держатся друг за друга из-за боязни перемен, из-за обоюдной привязанности к комфорту, к дому, к детям. Оба упрямы и не уступают друг другу, даже если понимают бесполезность упрямства.

Телец – Близнецы. Сложный, неоднозначный, но часто встречающийся союз, в котором Телец для Близнецов никогда не будет окончательно познан. Тельца привлекают в партнере легкость, контактность, торговый и деловой талант и огромное количество информации, которой они располагают. Близнецы же ищут в Тельце верность, постоянство, основательность, умение вести дом и хозяйство, которых так не хватает им. Самая тяжелая проблема в таком союзе – ревность. Подвижность и изменчивость Близнецов будут вызывать в Тельце неуправляемые вспышки ревности. В итоге они живут разными интересами, не понимая друг друга.

Телец – Рак. Часто встречающийся, гармоничный союз. Несмотря на мистицизм Рака, которым он заражает Тельца, его стремление „объять необъятное", многое их объединяет. Оба любят дом. Оба хорошие родители. Если же они изменяют друг другу, это только укрепляет их союз, так как оба начинают понимать, что нет ничего лучше своего дома, где тебе все простят, где о тебе заботятся и понимают. Телец старается не отпускать Рака далеко и надолго, понимая переменчивость его натуры. Телец ревнив и вспыльчив, но Рак ловко успокаивает его словами, подарками, доброжелательностью. Раку нравится уют, комфорт, созданный Тельцом, его умение работать и со вкусом отдыхать. Их сближает забота о детях, оба любят накопления и маленькие материальные радости.

Телец — Лев. Союз любви и страсти. Царственное великолепие Льва притягивает Тельца, но он боится теряться в этом великолепии. Лев постоянно нуждается в поклонении, обожании и восхищении, ищет приключений, а Телец предпочитает спокойную привязанность, уравновешенный образ жизни. Светская игра Льва в обществе вызывает у него приступы раздражения, ревности и гнева, чего гордые Львы не прощают. Союз может держаться на сексуальной совместимости. Телец крепко держит Льва в доме, но с годами этот союз может исчерпать себя.

Телец – Дева. Частый и счастливый союз. Оба – прекрасные хозяева, трезвые, практичные реалисты. Если Телец проявляет упрямство, Дева идет на любые уступки, чтобы сохранить в доме спокойствие и мир. Дева восхищена гармонией Тельца. Она учится у него вкусу к жизни, радости бытия. Телец счастлив постоянством, хозяйственностью и терпением Девы. Объединяет их и обоюдное стремление к земным удовольствиям. Дети делают их союз неразрывным, так как очень много значат в жизни обоих. Отношения могут обостряться из-за ревности Тельца, вызванной кокетством Девы (это относится и к Девам-мужчинам)

Телец – Весы. На первый взгляд, их должна тянуть друг к другу близость интересов, так как обоими знаками управляет Венера. Но как по-разному это проявляется! Первоначальное взаимное влечение и расположение сменяются непониманием и нарастающим раздражением. а бесит поверхностность Весов, манерность, претенциозность. Накапливаются взаимные упреки и обиды. Вместе их могут удержать лишь положение в обществе и работа в одной области.

Телец – Скорпион. Брак редкий. Прекрасная сексуальная совместимость, взаимные вспышки страсти и влечения, потом пресыщение. Телец притягивает верного Скорпиона, но их взаимный магнетизм похож на смертельную игру любви – последняя ночь перед гибелью. Заводят друг друга, доходя до крайностей, затем расстаются навсегда, но скоро их вновь тянет друг к другу. И так, пока не измотаются вконец и не исчерпают свои отношения. Чаще это любовники, чем супруги.

Телец – Стрелец. Союз редко бывает благополучным. Политика диктата Стрельца, его безапелляционность, навязывание своего мнения вызывают у Тельца неприятие и протест. В интимных отношениях устраивают друг друга, но не более. Даже дети не укрепляют этот союз, но он может сохраняться как брак по расчету.

Телец — Козерог. Это самый благоприятный из союзов. Козерог, который следит за Тельцом и поучает его во всем, начиная от того, как укладывать вещи в шкаф, и кончая жизненными принципами, иногда доводя этим Тельца до гнева. Чувствуя, что „перегнул"„ Козерог на время дает Тельцу иллюзию свободы, затем вновь начинает командовать. Тельцу свойственна инертность, и он внутренне восхищается выносливостью и работоспособностью Козерога, пытается следовать его примеру.

Телец — Водолей. Тяжелый, трудносовместимый брак. Водолея привлекают в Тельце преданность, домовитость. Хотя сам он предпочитает свободу, ему необходим дом, чтобы было куда вернуться. Для Тельца же невыносима свобода Водолея. В браке их ждут то холод, то жар отношений, взрывы чувств, конфликты и отчуждение. Такой союз удерживается редко.

Телец — Рыбы. Со стороны эта пара производит впечатление благополучной, а на деле чувствительную Рыбу ранит грубость Тельца. Она не способна утолить его неутомимую сексуальность, а он не понимает подъемы и спады ее чувств — от полной холодности до раскованности и игривости, вызывающей у Тельца вспышки ревности. Этот брак будет прочным, только если Телец мягок и терпим. Тогда у них спокойное, гармоничное взаимопонимание. Чем проще, „заземленней" Рыба, тем легче она находит общий язык с Тельцом. Часто оба тайно мечтают о другом партнере.

Близнецы — Близнецы. Если два Близнеца вступают в брак, союз этот держится только на дружбе и полной свободе отношений. Оба слишком хорошо понимают и чувствуют друг друга, а это не всегда приносит счастье.

Близнецы — Рак. Близнецы — знак вечного обольщения для Рака и потому неудержимо притягивает. И Рак, и Близнецы непостоянны, переменчивы, инфантильны, им бывает интересно вместе, особенно в интеллектуальном плане. Рак докапывается до причины и сути явлений, а Близнецы все схватывают на лету и систематизируют эту информацию. Но брак сохраняется только при условии легкости и свободы отношений, что не всегда дается сентиментальному, привязчивому Раку. Если Рак пытается целиком привязать к себе Близнецов, он терпит фиаско.

Близнецы – Лев. Близнецы ослеплены яркостью Льва, его щедростью, разнообразием и богатством натуры. Если Львица – женщина, то мужчина-Близнец – ее влюбленный послушный паж. Если, наоборот, мужчина – Лев, то к женщине-Близнецам он относится, как к ребенку, которого нянчит, балует и развлекает. Игривые, подвижные и веселые Близнецы своими разнообразными интересами и общительностью импонируют Льву. Со временем у них складываются дружеские отношения, что еще больше укрепляет брак. Правда, они могут пресытиться друг другом, но если оба умеют прощать, союз этот не распадется никогда.

Близнецы – Дева. Несмотря на то, что два этих знака объединяет Меркурий (покровитель и Девы, и Близнецов), проявляется он в них совершенно по-разному. Их тянет друг к другу, но союз бывает прочным, только если основан на общих интересах и если они идут на взаимные уступки, что очень трудно без стрессов для Близнецов. Держится брак, как правило, на терпении и разумности Девы.

Близнецы – Весы. Весы дарят Близнецам гармонию и упорядоченность отношений, а если оба работают в одной области или имеют общие интересы, они тем более неразлучны. Весы тактично, но непреклонно направляют своего партнера в нужное русло, создают иллюзию свободы, но тайно управляют Близнецами. Женщины-Весы – хорошие матери, прекрасные воспитательницы, их дом обставлен со вкусом, и Близнецам всегда приятно возвращаться в этот оазис равновесия и гармонии.

Близнецы – Скорпион. Союз тяжелый, но часто встречающийся. Близнецы непостижимы для Скорпиона. Чтобы их понять, ему не хватает легкости. Партнер кажется Скорпиону то ребенком, то мудрецом, и эта тайна поглощает его на всю жизнь, заставляя следовать за Близнецами. Приходит момент, когда Скорпион начинает осознавать свое подчиненное положение, мучиться и страдать от этого. Но именно такие взаимоотношения и притягивают Скорпиона — для него это своего рода очищение, преображение. Загипнотизированные тяжелым влечением Скорпиона, Близнецы тоже не сразу почувствуют свою власть над ним. Однако, поняв это, попытаются перевоспитать Скорпиона или уйти от него. Но и то, и другое очень нелегко.

Близнецы — Стрелец. Союз редкий, нетипичный, основанный, как правило, на расчете. Их отношения, чтобы не иссякнуть, требуют постоянного обновления: путешествия, гости, развлекательные программы. В этом браке Близнецы играют роль проводника воли Стрельца. Если Близнецы со слабым характером, то Стрелец руководит ими, ведет по жизни, направляя во всем. В духовном плане это союз учителя и ученика. Их полная противоположность дает обоим возможность духовного роста.

Близнецы — Козерог. Союз крайне редкий. Козерог для Близнецов — это тайна, привлекающая своей неразгаданностью. Холодность, неприступность Козерога кажется интересной маской, Близнецам любопытно: а что за ней? Но Близнецы для Козерога подобны ребенку: несерьезны, поверхностны, наивны. Как правило, брак, заключенный между Близнецами и Козерогом, с треском разваливается, а если держится, то лишь на стремлении Козерога во что бы то ни стало исправить Близнецов. Или на нетипичности этих знаков.

Близнецы – Водолей. Несмотря на частые ссоры и разногласия, это удачный союз. Водолей учит Близнецов преображению, озарению. Их любовь часто перерастает в дружбу. У них много общих духовных интересов, и этот союз способствует эволюционному развитию обоих. Водолеи настолько оригинальны и способны к перевоплощению, что у Близнецов, как правило, не возникает необходимости в других партнерах. Они никогда не скучают друг с другом. Но если Близнецы все-таки изменяют Водолеям, те не прощают. Терпят до последнего, а потом уходят безоглядно, бесповоротно, навсегда.

Близнецы – Рыбы. Партнер, родившийся под знаком Рыб, в интеллектуальном плане – вершина достижения для Близнецов, они готовы молиться на Рыб. Совместная работа или брак между ними похожи на отношения двух следователей: Близнецы видят, что Рыбы знают о них все, и Рыбы понимают, что Близнецы это видят. Напряженная игра двух интеллектов. Но у них редко хватает терпения на долгий брак, так как Рыбы не прощают непостоянства.

Рак – Рак. Довольно распространенный брак, так как Раки ищут себе двойника, который бы одинаково реагировал на окружающее, прощал и понимал его комплексы и не трогал его маленькие тайны. Союз двух Раков похож на бурный ручей – всплески эмоций, слезы, скандалы, но и прощение. В молодости они, как правило, выбирают партнеров солиднее и старше, а в зрелом возрасте предпочитают молодых, и это тоже проявление отцовско-материнских комплексов.

Рак – Лев. Союз любви, таинственный и интересный, но малопригодный для брака. Рак опутывает Льва покрывалом тайн, его уловки, хитрости и приманки делают Львов совершенно беспомощными. В браке они с трудом приспосабливаются друг к другу. Льва невозможно навечно сделать домашним. Ему нужны блеск, общество, подмостки. А Рак хочет владеть им целиком. Начинаются взаимные оскорбления, ссоры. Или Рак терпит все молча, но его страдания делают обстановку в доме невыносимой для Льва. Если оба примитивные люди с низким интеллектом, то союз их, похожий на затмение, быстро распадается. В другом случае, научившись понимать и прощать друг друга, они живут словно брат и сестра, Луна и Солнце, разделяя сферы влияния и вечно обновляясь.

Рак – Дева. Хороший союз. Девы более других знаков способны простить и понять капризы нервных, хаотичных Раков. Дева дарит Раку необходимую ему свободу грешить и каяться, уходить и вновь возвращаться. Кто, как не она, поймет, примет, простит и залечит раны раскаявшегося Рака, каждый раз веря, что это в последний раз! Ракам нравится постоянство Дев, разумность и способность пожертвовать собой ради детей, семьи, закрыть на многое глаза. А Девам – чувствительность и тонкость Рака.

Рак — Весы. Союз возможен при условии терпения со стороны Весов и если они возьмут на себя роль матери и хозяйки, а Рак сможет выполнять функции Отца. Часто такой брак сохраняется при условии материального благополучия и положения в обществе, но между партнерами существует незримая дистанция: я – это я, а ты – это ты.

Рак — Скорпион. Союз более подходит для отношений любовников, чем супругов, так как Раки не могут долго находиться под давлением и контролем Скорпиона. И в то же время Раков притягивает сила и энергия Скорпиона, а тот, как ни странно, часто оказывается беспомощным перед переменчивостью и непостижимостью Раков. Им интересно и очень нелегко друг с другом.

Рак — Стрелец. Это яркий, многогранный, обманчивый, как фальшивый бриллиант, и довольно частый союз, где обилие восторгов, секса, скандалов (доходящих иной раз до суда), а также разочарований и обид. Стрельцу так же трудно овладеть Раком, как Раку — Водолеем, и он безуспешно, но упорно пытается добиться этого.

Рак — Козерог. Союз проблематичный и редкий, так как эти знаки малосовместимы. Козерог предъявляет к Раку непомерные требования, стремится во всем установить свой порядок, исправить партнера по своему образцу. А Раков исправить невозможно. Начинаются затяжные конфликты, взаимное притяжение и отталкивание и, наконец, полное разочарование и разрыв.

Рак — Водолей. Безумный, тяжелый, но часто встречающийся союз. Их тянет друг к другу и снова отталкивает. Они расходятся и сходятся. Их отношения похожи на катарсис, преображающий и того, и другого. Рак привык удерживать и обольщать партнера, но Водолея не обольстишь ничем: однажды он обязательно уйдет. И Рак его будет вечно ждать. Но как только Водолей возвращается, Рак вновь начинает строить для него домашнюю тюрьму. Водолей тут же рушит ее — и все начинается сначала.

Рак — Рыбы. Эмоциональных Раков всегда тянет к глубинным тайнам Рыб, как учеников к учителю. Они черпают в этом союзе обновление, но теряются от непознаваемости Рыб. Союз держится на духовной совместимости и взаимопонимании. Раки переменчивы, а эмоции Рыб нарастают и исчезают медленнее, как приливы и отливы. Будут ли они терпеть такие перепады настроений друг друга, зависит от гороскопов обоих. Если они вместе начинают какое-то дело, то добиваются успеха. Совместная жизнь в браке непроста, требует от кого-то из партнеров самопожертвования, зато дарит великое счастье.

Лев — Лев. Союз редкий, но возможен и даже удачен при условии нетипичности и того. и другого. У них рождаются интересные дети, яркие и творческие. Реже бывает наоборот: дети при ярких родителях оказываются совершенно бесцветными, что доставляет супругам массу огорчений.

Лев – Дева. Союз, полный непонимания и отчуждения. Прохладная и кокетливая Дева, фиксирующая любую мелочь, в первое время искусно разжигает Льва. Но потом они начинают видеть друг в друге массу недостатков. Мелочность и придирчивость Девы ранит Льва в самое сердце, особенно если женщина – Львица. Льву Дева кажется холодной. Или ее кокетливая природа (даже если она не изменяет ему) доводит Льва до бешенства. Брак может быть благополучным только при условии общих высоких творческих интересов или при нетипичности знаков.

Лев – Весы. Царственный Лев и гармоничные, уравновешенные Весы. Их ждут в браке блеск, гармония, постоянство. Весы – самый удачный партнер для Льва из всех воздушных знаков.

Лев — Скорпион. Союз, объединенный сильным мужским началом и невероятным женским магнетизмом. Рождает безумную страсть, неподвластную разуму. Но жить вместе в таком напряжении невозможно, если только с годами их чувства не перегорают, как потухшая лава. Тогда они живут каждый сам по себе воспоминаниями о прошлом.

Лев — Стрелец. Их любовь и брак часто построены на взаимном авторитете, на общем мировоззрении и совместной работе. Оба любят приключения, путешествия, склонны к азарту и авантюрам. Их отношения носят не только характер праздника, удовольствий, светской жизни, но и напряженного совместного творчества. Вдвоем они добиваются невозможного.

Лев — Козерог. Союз трудный, но возможный. Козерог часто обманывается, подкупаемый щедростью Льва и обещанием полцарства. Лев, конечно, может и не выполнить обещанного, но Козерог будет ждать и ждать, пока не поймет, что его обманули. Тогда — потрясение, разочарование. Лев ищет за внешней строгостью Козерога страсть (и часто не ошибается), но устает от постоянной прямой стратегии жизни Козерога — ему хочется перемен.

Лев — Водолей. Первое время они испытывают большое притяжение друг к другу, но потом, поняв свою полную противоположность, как правило, расходятся. Лев любит быть в центре внимания. Водолей свою личность не выделяет, старается держаться незаметно и независимо. Не придает значения мелочам, которые для Льва — символы. Только при высоком духовном потенциале и в более зрелом возрасте эти люди понимают, что две противоположности суть целое.

Лев — Рыбы. Самый сложный союз из всех знаков для Льва. Лев здесь подобен рыцарю, принесшему в дар нежной девушке весь мир. Он тает и расплавляется от глубины и таинственности Рыб. Ведь эта любовь для него трагична, она несет смерть или перерождение личности, если Лев готов к метаморфозам и без оглядки идет за Рыбами.

Дева – Дева. Союз чаще всего бывает удачным и счастливым, так как только две Девы в состоянии понять вкусы и требования друг друга.

Дева – Весы. Также частый и очень удачный союз. Их объединяет обоюдное стремление к равновесию, к созданию комфорта, уюта и благополучия. Весы знают обо всем понемногу, а Девы глубоко изучают проблему, анализируя все стороны вопроса. Оба дополняют недостающие качества друг друга.

Дева – Скорпион (подобен союзу Плутона и Прозерпины). Для того чтобы союз был благополучен, у Девы и Скорпиона должны быть сильные характеры. В таком браке не ждите покоя – супруги все время как бы испытывают друг друга, их взаимоотношения остаются на грани кризиса. Магнетизм и сверхчувственность Скорпиона будоражат Деву. Чтобы противостоять ему, она напрягает все силы, от этого – вечное состояние боевой готовности. Только кроткая, мудрая и терпеливая

Дева способна обуздать страстного, активного Скорпиона. Пример – Федор Михайлович (Скорпион) и Анна Григорьевна (Дева) Достоевские.

Дева – Стрелец. Редкий союз. Экономная Дева страдает от расточительности и щедрости Стрельца. Их может объединить взаимное служение обществу в социальной или религиозной сферах. В этом союзе Дева служит целям и планам Стрельца, как и ее покровитель – Меркурий – служит Юпитеру.

Дева – Козерог. Уравновешенный и прочный союз. Оба реально смотрят на жизнь, трезвы и практичны. Разумные требования и критический ум Девы импонируют Козерогу, он также ценит в ней умение подметить ту деталь, без которой не решить глобальную проблему. А Дева познает с Козерогом скрытые для нее тайны любви, ей нужны его нежные слова, восхваляющие ее достоинства. Дети делают брак нерушимым.

Дева – Водолей. Союз редкий. Дева любит дом, порядок, домострой. Водолей свободен, для него главное, чтобы, устав от друзей, от путешествий, от проблем, было куда вернуться. Брак длится, пока хватает терпения у Девы.

Дева – Рыбы. Сложный и редкий союз. Дева хозяйственна, брак для нее – бережливость и накопительство. В любви Деву можно уподобить прекрасной Снегурочке: и мила, и чиста, хочу любить, а слов любви не знаю. Особенно плохо, если Рыба – женщина: ее унижает критичность Девы-мужчины. Мистические, рассеянные Рыбы и конкретные Девы часто совершенно не понимают друг друга. На самом деле у них просто разные энергетика и мировосприятие.

Весы – Весы. В людях одного с ними знака Весы чувствуют не только свое отражение, но и партнера, и противника. Благополучный брак возможен, только если Весы разных типов.

Весы — Скорпион. Весы гармонизируют мятежного Скорпиона, помогают ориентироваться в сложных ситуациях. Интимная сторона их жизни очень бурная, страстная и глубокая.

Весы — Стрелец. Прекрасный союз. Его укрепляют не только любовь и дружба, но и общее мировоззрение. Оба стремятся к активной деятельности, как правило, достигают определенного общественного положения.

Весы — Козерог. Козероги восхищаются педантичными Весами, их рассудительностью и умеренностью. А для Весов Козероги — крепость и опора. Но при этом Весы направляют Козерогов, являются для них учителями и наставниками. Во всем, кроме любви, они легко находят общий язык. На фоне полного благополучия могут холодно и резко расстаться, осыпая друг друга проклятиями.

Весы — Водолей. Удачный, плодотворный союз. У них общие творческие планы, совместные оригинальные идеи. Оба любят путешествовать, любят веселые компании, друзей. Как правило, занимаются одним делом, взаимно дополняя друг друга.

Весы – Рыбы. Для Рыб это роковой союз. Весы любят строгую форму, игру отношений, четко регламентированные рамки во всем, а Рыбы „выходят из берегов" в чувствах. Весы – самодостаточные и придирчивые партнеры-индивидуалисты: „Я – это я, ты – это ты, дети – это дети"', а Рыбы стремятся к единству и растворению в партнере.

Скорпион – Скорпион. Союз редкий, потому что хотя два сильных партнера и тянутся друг к другу, но вместе им тесно, а врозь скучно. Расставшись окончательно и встретившись даже через много лет, они готовы, кажется, в первую минуту забыть все обиды. Но, не успев добежать до дружеских объятий, начинают подозрительно и холодно смотреть друг на друга. И остаются по разные стороны дороги.

Скорпион – Стрелец. Странный, но частый союз. Оба как бы подхлестывают друг друга к действию. Азартные любовники, супруги-единомышленники, добивающиеся вдвоем очень многого, прекрасные, внимательные родители – такова чаще всего характеристика этого брака.

Скорпион – Козерог. Блестящий союз двух сильных знаков (при условии высших типов и того, и другого). Если даже они расходятся, то становятся врагами, как бы играющими друг с другом в увлекательную и опасную игру. Но любовь их, как правило, постоянна, сильна и глубока. С годами чувства не остывают. Их дети счастливы, потому что растут в атмосфере любви и гармонии.

Скорпион – Водолей. В этом союзе, за редким исключением, верх берет Скорпион. Он явно или тайно направляет Водолея. Их любовь оригинальна и носит неожиданный эксцентричный характер. Они все время придумывают новые и новые повороты в судьбе. Мирные периоды совместной жизни сменяются долгой войной, потом счастливое примирение до новой войны. Но при этом им очень трудно отказаться друг от друга.

Скорпион – Рыбы. В этом союзе Рыбы, как правило, являются ведомыми. Скорпионы – чувствительные партнеры, они все видят и понимают, а порой даже домысливают то, чего нет. Они держат Рыб в напряжении, мучают их, но и жалеют. Этому союзу присущи страстность во всех видах взаимоотношений, но Рыбы часто уходят от Скорпионов, страдая от их тяжелого характера.

Стрелец – Стрелец. Разве могут два царя усидеть на одном троне? Кому-то придется уступить власть. Совместная жизнь Стрельцов пройдет под флагом борьбы за авторитет. Каждый попытается стать хозяином в семье. Дом расколется на два враждебных лагеря, если только их не объединяет деловая цель – тогда они подобны двум охотникам, загоняющим зайца.

Стрелец – Козерог. Стрелец – блюститель общественного закона, порядка и общепринятых установок. Для Козерога их не существует вообще – ему важны только его внутренние установки. Союз возможен настолько, насколько вообще возможно совместить свой внутренний закон с законом общественным, индивидуальное с коллективным. Это может быть брак по расчету, когда супругов связывают общие интересы и дела. Или абсолютно духовный.

Стрелец – Водолей. Легкость, дружба, авантюризм, взаимопонимание, крепнущее с годами, царят в этом браке. И Стрелец, и Водолей любят поездки, перемены, общество, компании. Оба дают друг другу известную долю свободы, помня об общепринятых установках. Фантазия и юмор не покидают супругов даже в период лишений. Дети для них – друзья и смысл существования. Они проживают с детьми новую жизнь, обновляясь, открывая вторую и третью молодость.

Стрелец – Рыбы. Только религия, мистика и общие гаматичные идеалы могут объединить этих людей, как закон человеческий способен объединиться с законом Божьим. Счастливый союз возможен при условии высокого духовного потенциала обоих. Стрелец олицетворяет пробеленный авторитет, общепринятые нормы и правила, Рыбы – скрытый авторитет, они – теневой неформальный лидер, стоящий за его спиной. Если супругам удается понять друг друга и они связаны общим делом, их союз – совершенство. Но на бытовом уровне – увы! – жадный до жизни Стрелец и погруженные в себя Рыбы редко могут сойтись. Они раздражают друг друга.

Козерог – Козерог. Союз двух одиноких людей. Что ж, стоят рядом молча. Но их связь не дает им деловое партнерство, когда каждый „тянет одеяло на себя„. Как правило, им не удается переупрямить друг друга – и они начинают искать утешения на стороне, так и не успев по-настоящему сойтись. Но бывает и очень счастливый брак, когда две половины составляют одно целое.

Козерог – Водолей. На первый взгляд одинаковые, очарованные друг другом странники. Но это недолгая иллюзия. Она сохранится до тех пор, пока и тому, и другому очень одиноко. Каприз природы создал их для обоюдного обмана: Водолею кажется, что Козерог постоянен и абсолютно надежен, он даже не подозревает, что тот абсолютно свободен и очень хитер. Козерог никого не пустит в мир своей внутренней свободы, и Водолей будет биться, как мотылек об лампочку, чтобы проникнуть в его душу, пока не сгорит. А Козерогу кажется, что Водолей именно тот человек, который, полюбив, не будет покушаться на его свободу, он не понимает, что Водолей хочет, как и все, привязать его к дому, получив при этом полную независимость для себя.

Козерог – Рыбы. Это может быть идеальный союз. Самозабвенная любовь, переходящая в полное растворение в партнере. Все высоты, глубины и просторы мира открыты этим двум идеалистам и мистикам. Их союз, если он не построен на прагматизме, вечен и похож на скалы и океан. Вдвоем они способны познать все тайны мироздания. Но если Козерог слишком заземлен, если его формула: только человек, имеющий деньги, обладает самосознанием,— ему захочется заставить Рыбу работать без устали на свою карьеру. Рыба этого не примет и рано или поздно уйдет в тяжком разочаровании. Или, смирившись и приняв такой образ жизни, не будет чувствовать себя счастливой.

Водолей – Водолей. Редкий союз, который может быть построен только на дружбе и равноправии в семье. Иначе совместная жизнь не получится, и у того, и у другого останется ощущение пустого дома.

Водолей – Рыбы. Идеализм и вера в непознанное, несбывшееся, выдумки и фантазии, иллюзии мистерии жизни притягивают этих людей. Они кажутся друг другу таинственными странами, но не всегда переход границы возможен – мешает страх потерять свою личность и раствориться в партнере. В браке волшебные картинки могут смениться трезвой и непривлекательной реальностью. Быт для обоих станет камнем преткновения. Как бы он не стал причиной безденежья и бездомных скитаний.

Рыбы – Рыбы. Гляжусь в тебя, как в зеркало,– до головокружения! Чей океан больше? Они стремятся измерить чужие глубины. Они знают друг другу цену: раз попав в искаженный мир, ты не вернешься оттуда никогда. Брак, где бесполезно лицемерить и пытаться найти компромиссы: нужно или плыть сообща к свету или тьме, или уж разойтись, разорвав пуповину. Очень редкий союз.

ЖЕНСКИЙ СЕКСУАЛЬНЫЙ ГОРОСКОП

Ну и, еще, женский сексуальный гороскоп. Почитайте про свой знак и сравните с собой. Может, Вам на что-то стоит обратить внимание, что-то изменить в своем поведении, ведь неспроста для решения Ваших проблем Вам пришлось воспользоваться любовной магией? Или, наоборот, Вы увидите свои сильные стороны, на которые раньше не обращали должного внимания.

КОЗЕРОГ
(22.12-20.01)

Она является жертвой очень сильных эмоций, интегрирующих в области секса. Она не в состоянии отделить секс от любви. Она влюблена в своих партнеров. Эта тесная взаимосвязь создает ограничения и барьеры на ее пути к счастью. Вместе с тем она сексуальна и чувствительна, из-за чего часто сталкивается с трудностями и также часто бывает неудовлетворена. Ей нравятся не многие мужчины. Часто импульсивно выходит замуж в ранней молодости, быстро и внезапно влюбляется еще до того, как сумеет понять и познать себя. При этом ей кажется, что это единственная любовь в ее жизни. Часто она уже обременена семьей, когда ее ровесницы только начинают экспериментировать в этой области. Она создана для бурных страстей. В первых сексуальных приключениях ее поражает страстное желание. Она бывает агрессивна и ревнива, однако не выносит этих черт у своего партнера. Чувство ответственности не позволяет ей бросить семью, но если это происходит, то она довольно быстро сходится с другим мужчиной, чтобы почувствовать себя обремененной новыми связями. Она достигает в сексе вершины наслаждений, известной только немногим избранным.

ВОДОЛЕЙ
(21.01–18.02)

Она обладает четко выраженной сексуальной индивидуальностью. Она редко бывает страстной или холдной, как правило, не испытывает многих эмоций, которые доступны Скорпиону, однако всегда будет протестовать против любой попытки принизить значение секса в ее жизни. Отличается тщеславием, целеустремленностью, ее творческая натура стремится к совершенству, и поэтому часто нетерпимо относится к ошибкам других. Она может быть идеальной партнершей для сдержанного, умеренного мужчины. Бурные страсти ей недоступны. Секс в семейной жизни становится для нее ритуалом, неразрывно связанным с ночной порой. Она аккуратно повесит свою одежду, старательно умоется, причешется, надушится и наденет ночное белье. Муж будет лежать и читать в ожидании ее прихода. Поступая так, она руководствуется наилучшими побуждениями, ибо ей действительно хотелось сделать так, чтобы было как можно лучше. Он же, возможно, хотел бы хоть раз обладать ею на полу, среди разбросанной одежды, хотя бы раз насладиться запахом ее тела, вместо запаха самой изысканной парфюмерии. Она может сделать многое для него, но только не это, поскольку сама не испытывает таких потребностей. Измена супругу с ее стороны практически исключена. Зато ее любимым занятием является ведение домашнего хозяйства и прием гостей. Она компанейская и общительная, любит обращать на себя внимание, любит нравиться и веселиться.

РЫБА
(19.02–20.03)

Она неизлечимый романтик, и ее темперамент как бы обращен внутрь себя самой. В разные периоды она создает различные образы и питает иллюзии, общей чертой которых является их нереальность. В детстве ее восхищали сказки, а нарисованные образы являются не менее реальными, чем действительность. Ее первые знакомства — это милые романтические мальчики с не вполне осознанным половым влечением. Женщин, родившихся под этим знаком, можно разделить на две группы. К первой относятся те, которые устанавливают прочные связи с мужчиной, не обладающим слишком бурным темпераментом. Как правило, она живет с ним долго и счастливо. Ко второй группе относятся гораздо более неспокойные женщины. Вместо галантного и романтического любовника в ее воображении превалирует пират. Все говорит о том, что если бы у нее хватило смелости на связь с подобным мужчиной, то она, несомненно, была бы очень счастлива. Однако, как правило, она избегает настоящих стопроцентных мужчин крепкого формата, чувствуя себя безопаснее в среде мужчин психически слабых и требующих с ее стороны опеки и снисходительности. Нередко она находит себя в роли любовницы и доверенного лица артистов, политиков, т.е. людей, величие и слава которых в значительной степени зависит от воздействия ее утешени и успокоения. Она боится не столько сексуальной силы настоящих мужчин, сколько опасности лишиться защитного слоя мечтаний и иллюзий и проверить себя как женщину. Она не может на это отважиться, поэтому ее мальчики остаются, а мужчины нередко с обидой уходят.

ОВЕН
(21.03-18.04)

Она артистка в жизни. Это вовсе не означает ее неискренности. Каждый раз она отождествляет себя с той ролью, которую играет. Она производит впечатление натуры богатой эмоционально, но не всегда таковой является. Она не скрывает своих эмоций, жаждет игры. Она способна уверовать во все, чего сама пожелает. Отдавая себе отчет в этом, она не доверяет своему мышлению. Давая выход эмоциям, она впадает в крайности. В постели она не такая хорошая актриса, как в жизни, она скорее пассивна, нацелена на получение эмоций, ощущений. Сама она никогда не оказывает влияния на формирование стиля сожительства. Словами она способна объяснить лучше, чем языком своих чувств. Она разочаровывает мужчин, которые оценивают ее в соответствии с впечатлением, производимым в компании. Порой свои культурные навыки переносит на территорию спальни, однако парфюмерия, прозрачное белье, свечи, лампы, чуткость, никогда не дадут ей удовлетворения. В глубоком подсознании она жаждет примитивного и грубого секса. Жаждет самца в чистом виде и хочет ему отдаться. К сожалению, ее образ жизни и поведение привлекают внимание утонченных мужчин, чутких и чувствительных, и ни один из них не может дать ей полноты счастья.

ТЕЛЕЦ
(19.04-20.05)

Не имеет смысла ее обожать, преследовать, соблазнять или насиловать. Она сама избирает себе партнера и только с ним проявляет глубину своих чувств. С другими мужчинами она холодна, неприступна, строптива и пренебрежительна. Она капризна и требовательна, не каждый может приспособиться к ее неуравновешенности, страстности и капризности. Общение с ней требует большого терпения. Она полигамистка, т.е. может иметь одновременно нескольких мужчин и быть им верна. Она нуждается в многочисленности партнеров и при этом дьявольски цепко держится за каждого из них. Мужчин, которые ее не интересуют с сексуальной точки зрения, она любит дразнить. Тем же, кого она выбирает сама, она в состоянии дать великое богатство сладострастных наслаждений, при условии, что партнеры не будут ее контролировать. Она трактует свое тело как ценный инструмент, предназначенный исключительно для виртуозов. Сексом она любит заниматься долго. Наслаждаясь его отдельными фазами в атмосфере полной раскрепощенности, всегда руководствуясь принципом, что секс это наслаждение. Она продолжает оставаться возбужденной в течение нескольких дней. Секс примитивный ее не интересует.

БЛИЗНЕЦЫ
(21.05-20.06)

Женщина, родившаяся под этим знаком Зодиака, редко бывает счастлива. Часто кончает трагически. Она обречена на тоску по партнеру идеальному, которого ищет всю жизнь. Живет с чувством неполноты жизни. Если она находит свой идеал, то ее жизнь становится раем на земле, что случается крайне редко. Если она находит кого-нибудь близкого к идеалу, то может быть счастлива. Обыкновенный человек, с которым она вступает в связь, не в состоянии ее понять. Временами она впадает в состояние глубокой подавленности, словно тоскует по любимому брату, который когда-то погиб. Продолжая поиски своего идеала, она бесчисленное множество раз сталкивается с полным непониманием. Она чувствитеьна, талантива, но производит впечатение покинутой. Она всегда привлекательная и имеет успех. Секс ей не безразичен, однако она ищет более содержательного партнера. Физическое наслаждение не дает ей полного удовлетворения. Желая убедиться в своей привлекательности, она меняет партнеров. Время летит... Проходят чередой серые годы. Отчаянные попытки найти свое счастье доводят ее до самоуничтожения. Это поиск астрального брака , без которого жизнь для нее — всего лишь жалкая шутка жестоких богов.

РАК
(21.06–22.07)

Настоящий секс требует такого состояния сознания, при котором нормальное мышление и самоконтроль уступают место самозабвению, самоотдаче, власти стихии и экстазу. Рак же постоянно хочет доминировать во всем, чем занимается, господствовать над окружающими и контролировать их. Эта тенденция находится в постоянном противоречии с сексом. Женщина, родившаяся под этим знаком Зодиака, не любит публично обнажать свои чувства и эмоции, поскольку воспринимает такое поведение как своеобразную форму капитуляции. У нее очень чувствительное тело, особенно грудь, нижняя часть спины и тыльная часть головы под волосами. Она стремится удовлетворить исключительно себя, и поэтому нередко видит в партнере только инструмент для удовлетворения своей страсти. Она может быть превосходной партнершей для тех, кого интересует в ней только секс. В постели бывает агрессивна, легко возбуждается, проявляет инициативу и любит играть ведущую роль. Обманутая и разочарованная в сексе, она удваивает энергию в сфере профессиональной или общественной деятельности. Она очень тщеславна, может быть счастлива, если поймет, что в сексуальной жизни, желая выиграть как можно больше, надо уметь отдавать, а не только брать.

ЛЕВ
(23.07-22.08)

Сутью всей индивидуальности является несоответствие между сексуальным влечением, которое она ощущает, и сексапилом, который она излучает. Первое — чахлое и слаборазвитое, второй — агрессивный и притягивающий внимание. Она замечает, что является привлекательной, и старание мужчин овладеть ею забавляет ее, удовлетворяет ее тщеславие. Она забавляется ими, не понимая смысла этой игры, поскольку сама не испытывает желания. Любит манипулировать мужчинами. Вполне сознает свою привлекательность и пытается ее подчеркнуть. Несмотря на то, что она никогда не испытывает страстного желания, она любит секс и легко достигает удовлетворения. Ее несогласие на более или менее экстравагантные позы во время полового акта может быть обусловлено, например, заботой о сохранении своей прически. Секс не интересует ее в такой степени как может показаться на первый взгляд. В течение всей ее жизни мужчины принимают ее за другую и многие из них досадливо разочаровываются.

ДЕВА
(23.08–22.09)

Счастлив тот, кто любит ее и добивается взаимности. В опыте человечества трудно найти что-либо лучше и прекраснее. Она обожает секс, является последовательной и безграничной сторонницей моногамии – принадлежности одному партнеру. Ее готовность к сексу не зависит от времени дня, места и обстоятельств. Она не является экстибиционисткой, но может проявлять готовность к сексу в неправдоподобных ситуациях. Она без комплексов, готова на любые экстравагантности и эксперименты, но сугубо в интимных условиях. Секс никогда не теряет для нее свежести. Ее эмоции не противоречат разуму. Она стремится всегда подчеркивать свою принадлежность партнеру легкими жестами и лаской. Если у нее нет партнера, то она страдает, поскольку жаждет близости, осязания и тепла. Ее можно легко обидеть, если отвергнуть ее ласку, поскольку она это воспринимает как проявление враждебности, несмотря на то, что понимает, что со стороны мужчины это является лишь следствием переутомления и перенасыщенности сексом. Ей трудно это понять, поскольку она сама никогда не испытывает эротических импульсов. Она в состоянии одновременно быть превосходной женой, любовницей, матерью, хозяйкой. Она твердо верна и принадлежит только одному партнеру, поэтому может не понимать и быть нетерпимой к потребностям и желаниям ее партнера иметь одновременно контакт с другими женщинами.

ВЕСЫ
(23.09-22.10)

Она - жертва противодействующих сил. Физическое удовлетворение в сексе она испытывает с большой интенсивностью, но одновременно психически не способна ни насладиться, ни одобрить его. В ходе любовной игры она не умеет проявлять какую-либо инициативу. Партнер вынужден взять ее на себя полностью. При этом он может быть одобрен или отвергнут - в зависимости от ее сиюминутного настроения. Она не любит разговаривать на сексуальные темы, поскольку не способна передать свои ощущения в словесном измерении. Она внешне не проявляет своего состояния возбуждения или желания, не дает сигналов и информации о своей сексуальности. Секс в ее сознании исключен из категории высших чувственных ощущений, дает чисто физическое удовлетворение и носит часто гедонистический характер. Она не выносит чрезмерную нежность, сентиментальность, деликатность – не ощущает этой атмосферы. После бурной ночи она может вести себя так, как будто ничего не произошло – ни ласкового слова, жеста, улыбки. Она должна осторожно подбирать себе партнеров. Наихудшим для нее является Козерог, а наилучшими – Дева и Скорпион. Самым большим ее врагом является она сама.

СКОРПИОН
(23.10–22.11)

Она обладает самым сексуальным темпераментом. Любит секс и охотно признает, что она сама в нем ненасытна. Свои широкие потребности удовлетворяет при условии, что она верна своей природе и не связывает себя этическими и социальными нормами. Секс привлекает ее и как предмет (цель) и как деятельность (форма самопроявления). Он становится в ее жизни предметом культа. Воздержание может только негативно отразиться на ней. Она всегда привлекательна, причем не столько в смысле эстетической красоты, сколько особой полноты жизни. Она обладает неистощимой жизненной энергией, которую в состоянии направить на разные области жизни. Она горда своим телом и его прелестью, заботится о нем и сохраняет в хорошей форме. Ее темперамент не ослабевает до самой старости. Она часто становится виртуозом. Те из мужчин, которые ищут в постели раскрепощенности и наслаждения, находят его именно с ней. Против видимости она может быть превосходной женой для мужчин, которые не имеют традиционных взглядов на секс в семейной жизни и на так называемую супружескую верность. Ее внебрачные связи обусловлены не недостаточной кондицией или темпераментом ее мужа, а неограниченной жаждой новых впечатлений. Если он ей импонирует и она его любит, то она будет по-своему верна ему, т.е. он всегда будет на первом месте. Ее сексуальные приключения будут в этом случае служить исключительно гедонистическим целям (поискам разнообразия физического удовлетворения) и никогда не нарушат существующих семейных уз. Она в состоянии отделить секс от любви, что отличает ее от большинства женщин.

СТРЕЛЕЦ
(23.11–21.12)

Характерной чертой родившихся под этим знаком является жизнерадостность, сочетающаяся с любознательностью и жаждой впечатлений, в особенности сладострастных. Стрелец принимает участие во всех прявлениях жизни интенсивно, с энтузиазмом. Любит сенсацию, противоестественность, смену впечатлений. Она уравновешенна, общительна, любит наслаждаться чувственными ощущениями, такими, как вкус, запах, изображение, звук. Превыше всего она любит свое тело, которое является для нее превосходным инструментом для любви. Ее сексуальные возможности огромны и практически неограниченны с точки зрения как количества, так и качества. Она любит перемену ощущений, разнообразие и одарена широтой эротического возбуждения. Большая часть ее энергии предназначена для партнера, с которым она в сущности сохраняет верность. Одновременно ее необычная общительность и сильная потребность к новым знакомствам может во многих благоприятных обстоятельствах завершиться пребыванием в другой постели. Секс привлекает ее в такой же степени, как и ее сестру – Скорпиона. Она должна хорошо проверить психологические и физические возможности партнера, с которым она хочет связаться надолго. Если она выйдет замуж за мужчину со средним или слабым темпераментом, то ее ждет развод, невроз или бесконечная полоса внебрачных приключений. Она легко возбуждается, реагирует с откровенностью и энтузиазмом. Секс в ее исполнении всегда является превосходной мистерией, спектаклем.

МАГИЯ ДЛЯ НОВОБРАЧНЫХ

МАГИЯ И СВАДЬБА. ПРИМЕТЫ И СОВЕТЫ

Прежде всего необходимо знать, что свадьбы играют только после жатвы. Нельзя выходить замуж или жениться в дни больших церковных праздников.

Лучшим временем для помолвки и бракосочетания являются 6, 10, 15, 17, 21, 26 и 27 числа лунного месяца. Самыми худшими – 3, 4, 5, 8, 9, 12, 13, 14, 19, 29 дни.

Людям православной веры не рекомендуется совершать эти обряды:

1. По вторникам, четвергам и субботам.

2. Накануне двунадесятых, храмовых и великих праздников.

3. Во время постов — Великого, Петрова, Успенского и Рождественского.

4. В течение Святок (от 7 января до 20 января).

5. В дни Масленицы.

6. В течение Пасхальной седмицы.

7. Накануне и в дни Усекновения главы Иоанна Предтечи (11 и 12 сентября) и Воздвижения Креста Господня (26 и 27 сентября). Кто в эти дни женится, вместе жить не будут, а их дети мало живут.

Неблагоприятные часы есть и в каждом дне недели. Вряд ли кто-нибудь отправится в церковь или загс ночью, но тем не менее приводим полный список этих часов.

Понедельник. 03.30 – 07.00 и 17.15 – 20.45.

Вторник. 07.00 – 10.30 и 17.15 – 20.45.

Среда. 07.30 – 10.30 и 20.45 – 24.00.

Четверг. 10.30 – 13.45 и 20.45 – 24.00.

Пятница. 00.00 – 03.30 и 10.30 – 13.45.

Суббота. 00.00 – 03.30 и 13.45 – 17.15.

Воскресенье. 03.30 – 07.00 и 13.45 – 17.15.

Во время торжества молодым не следует много есть и пить, а лучше воздержаться, т.к. могут навести порчу.

Если же в одежде невесты или жениха вдруг найдете иголку, то пусть молодые ее своими руками не трогают, это за них должны сделать другие. Найденные иголки следует опалить огнем, чтобы уничтожить принесенную кем-то заразу. Ни в коем случае нельзя допускать к постели молодых, а также в комнату, где они находятся, посторонних людей.

Желательно их комнату окропить освященной водой, да и молодым стоит выпить по глотку такой воды. Не забывайте, что именно во время торжеств могут сделать невесту бесплодной, а жениха — импотентом.

Все сватовства должны заканчиваться с первым днем апреля, ибо жениться в мае — покаешься, всю жизнь промаешься! Всякое предложение о сватовстве в мае считается обидным и даже зазорным. О семействе, где помышляют в это время о свадьбе, пронесется худая молва.

Если свадебное рукобитие устроится на Крещение, когда отверзаются небеса над землею, то жизнь новобрачной четы пройдет в мире и счастии. Покров — самое время свадеб и сватовства. Кто на Казанскую женится — счастлив будет.

Если дождь смочит свадебный поезд, это к счастью, ибо дождь всегда означает благодать, изобилие.

Чтобы предупредить порчу свадьбы от недоброго кудесника, который может всех обратить в волков, все гости и поезжане подпоясываются поверх рубахи вязаным, а не плетеным пояском, в котором тьма узелков. Колдун ничего не сможет сделать, не развязав всех узелков или не сняв с человека такой пояс.

Если жених с невестой перед венчанием дадут клятву в будущей верности друг другу над колодцем, брак их будет нерушим, а любовь вечной. Во время венчания кто первый из новобрачных ступит на подножие, тот будет властвовать; у кого свеча длиннее или у чьих дружек, тот больше проживет. Если венец для облегчения не надевают на голову невесты, народ считает такой брак недействительным, незаконным, и предсказывает беду; если же над головою уронят венец, то и подавно. Если невеста под венцом уронит платок, а жених поднимет, то скоро умрет. Перед приходом молодых от венца, старухи кладут под порог незапертые замки, а когда молодые их перешагнут, защелкивают их. Ключ же бросают в воду или в колодец, чтобы мужу с женой жить согласно. То же делают при первом приезде жениха в дом невесты, чтобы свадьба была успешнее и выгодный жених не отказался.

Нигде торжество знахарей так не прославляется, как в сельских свадьбах. Благополучная семейная жизнь, вечные раздоры, болезни первых годов, домашние беды – все зависит от знахарей. Поселянин, затевая свадьбу, идет к знахарю с большими подарками, поклонами, с просьбами защитить его молодых от свадебной порухи. Здесь-то знахарь выказывает все свое могущество. Знахарь в сельской свадьбе есть первый гость; его зовут на пирушку прежде всех; ему принадлежит первая чарка; ему пекут пирог; ему отсылают первые подарки; его все боятся; при нем все спокойны.

Свадебная поруха состоит в соблюдении многих обрядов для будущего благополучия князя и княгини. Так величают в деревне новобрачных. Знахарь осматривает все углы, притолоки, пороги, читает наговоры, поит наговорною водою, дует на скатерти, вертит кругом стол, обметает потолок, оскабливает вереи, кладет ключ под порог, выгоняет черных собак со двора, осматривает метлы, сжигает голики, окуривает баню, пересчитывает плиты в печи, сбрызгивает кушанья, вяжет снопы спальные, ездит в лес за бузиною и вручает свату ветку девятизернового строчка. Эта ветка есть верх искусства. Если ее будут держать за пазухой попеременно то сват, то сваха, то стоит только махнуть этою веткою, и все будет спокойно. Случись беда на пирушке, развяжись кушак у молодого, отвались что-нибудь от кики у молодой, все поправит эта одна ветка. На третий день знахарь берет свата с собою в баню, и здесь происходит расчет. Если получит все уговорное, тогда эту ветку сжигают. Этим заканчивается обряд свадебной порухи.

Вот что делают сметливые колдуны или просто деревенские шалуны. Известно, что деревенские лошади, пасущиеся на воле, в поле, одарены богатым чутьем и хорошо слышат следы и серого волка, и мохнатого медведя издалека. На основании богатого обоняния лошадей, колдуны делают, например, такие проделки: чтобы остановить свадебный поезд или вообще лошадей, употребляют следующие средства: берут свежего жира или крови от какого-либо хищного зверя (ближе всего от медведя или волка) и намазывают им камни, которые разбрасывают на дороге. Лошади, почуяв запах зверя, начинают упрямиться и биться, особенно молодые. Это средство особенно употребляется при свадебных поездах и до того сделалось обыкновенным в простонародье, что стоит только кому-либо перейти дорогу во время свадебного поезда, как дружка станет упрашивать его перейти дорогу обратно, даже водкой попотчует его при этом.

Чтобы жениться в этом году, следует прикоснуться к платью невесты, когда она обходит аналой. Меж двух сестер или братьев сидеть — вскоре жениться или замуж выйти. Если пойдете к будущей снохе свататься для сына, пусть первым заходит сын. Шапку перед сватами не снимает, пока не посадят за стол. Если кто-то из сватающихся сумеет унести из дома невесты ложку, то сын будет в доме хозяин и его жена никогда не оставит. По истечении трех месяцев после их свадьбы ложку надо подкинуть в дом невесты. Венчальное платье, кольцо, фату нельзя давать мерить ни подругам, ни сестрам, иначе в семье будут ссоры. Нельзя звать к свадьбе четное число гостей, это худо. Если кто бросит в невестины туфли соли, сначала в правую, потом в левую, молодая будет весь век с мужем плакать. По обычаю, на свадьбе туфли воруют, так что будьте внимательны. Если кто захочет разлучить молодых и вывернет свадебное платье на левую сторону и так оставит его на ночь висеть, завязав подол узлом, молодые очень скоро разойдутся. Поэтому нужно беречь невестино платье до года их жизни вместе. Сватьям соли не занимают — дети их жить не будут, разойдутся. Зеркало и платок не дари тому, кто тебе дорог — расстанетесь. Не ешьте и не пейте перед зеркалом — проедите всю красу и потеряете все здоровье.

Перед венчанием родители должны благословить своих детей на счастливую и долгую семейную жизнь. Родительское благословение имеет большую силу.

При венчании обоим молодым нельзя оглядываться назад — могут развестись.

Во время обряда венчания ни в коем случае не допускайте, чтобы между вами кто-нибудь прошел: такое могут сделать, чтобы вы долго не жили.

Невеста во время венчания ни в коем случае не должна ронять свой платок — это на короткую семейную жизнь или на болезнь будущего супруга.

Если невеста во время свадьбы лишится голоса, если сорвется голос у кого-нибудь из поющих в церкви во время венчания — все это может повлечь за собой смерть одного из новобрачных.

Колдуны советуют мужьям при обмене кольцами во время венчания надевать жене кольцо на палец до самого основания пальца, т. к. в противном случае жена возьмет верх над мужем.

После венчания обручальное кольцо носите на руке. Ни в коем случае в будущем не отдавайте его на переплавку для изготовления сережек, брошей или крестиков, иначе ваш брак распадется. Если у вас треснуло обручальное кольцо — значит ждите больших неприятностей.

Вдовы не должны находиться в церкви при венчании молодых.

Если невеста едет к венцу, то должна у ворот креститься и на каждом переулке. Если невеста едет от венца, то должна ехать не той дорогой, что ехала к венцу, а по другой.

Если венчается сын или дочь, мать не должна присутствовать. Не годится. Если во время бракосочетания, надевая обручальное кольцо, кто-нибудь из супругов его уронит, повсеместно считается, что это плохое предзнаменование. После того как жених надел невесте обручальное кольцо, ей нельзя брать в руки пустую коробочку из-под колец. Обычно ее берет себе подруга невесты, желающая скорее выйти замуж, т. к. существует поверье, что та девушка, которая возьмет коробочку из-под обручальных колец, выйдет замуж следующей. Также считается, что если за свадебным столом незаметно потянуть на себя скатерть, то это обеспечит быстрое вступление в брак. Если невеста потеряет или сломает кольцо, или просто уронит его с пальца — она потеряет супруга.

Если у невесты во время бракосочетания сломается каблук — это дурное предзнаменование. В России также хорошо известен обычай класть в обувь деньги. Кое-где и сегодня невеста кладет под левую пятку монетку на счастье. В традиционной русской свадьбе деньги клал в сапоги жених. Перед брачной ночью молодая в знак покорности разувала супруга, и тот дарил ей эти деньги.

После того как невеста уезжала венчаться, в ее доме мыли полы (не порог). Делалось это для того, чтобы невеста не вернулась к родителям.

Знак вдовства может быть явлен во время венчания: с кого из молодых венец спадет, тому вдовствовать.

Было принято после венчания молодым смотреться в зеркало — это должно принести удачу.

Нельзя выходить замуж или жениться, если не прошел год после смерти отца или матери. Нельзя жениться в високосный год или в мае месяце. Нельзя жениху называть кому бы то ни было имя своей будущей жены до тех пор, пока не зашлют сватов.

Лучший день недели, чтобы засылать сватов, – пятница. Выпекают свадебный каравай за день до свадьбы. Каравай на свадьбу должны готовить специально отобранные женщины. Ни в коем случае нельзя допускать к выпечке свадебного каравая вдов и разведенных. Его должны печь лишь женщины, счастливо живущие в браке. Для выпечки каравая используют пшеницу и рожь. При этом из ржи пекут только дно (нижняя корка).

Перед свадьбой жениху и невесте необходимо пойти в церковь, отстоять службу, исповедаться и причаститься. Если молодые, которые родились в субботу, женятся в субботу, то у них могут быть проблемы с рождением детей. Нельзя полотенце, на котором стояли молодые во время свадебного обряда, отдавать другим лицам. Пусть оно хранится у вас. Шишки со свадьбы нельзя давать посторонним.

Родители должны встречать молодоженов с иконой. Этой иконой их необходимо благословить, чтобы в дальнейшем икона была хранительницей домашнего очага.

Для предохранения от порчи листья рябины кладут в обувь новобрачным, а ягоды – в карманы.

Когда невеста и жених садятся за свадебный стол, необходимо проверить, чтобы на стульях и под стульями не было ничего насыпано или налито.

На место жениха и невесты никто из посторонних лиц не должен садиться.

Невесте и присутствующим женщинам нельзя быть в церкви с распущенными волосами. Ведь женщина с распущенными волосами всегда была в народе символом траура, печали и бед. И этим невеста и присутствующие женщины как бы вносят эту печаль в будущую семейную жизнь.

Даешь кому-то свое обручальное кольцо — можешь так и судьбу свою отдать. Если нельзя отказать — положи кольцо на стол, пусть возьмут и примеряют. И после бери только со стола, а не из рук.

Если во время бракосочетания была солнечная погода и вдруг пошел дождь — быть молодой семье богатой. Монеты, положенные во время свадьбы в рюмки жениха и невесты, храните дома под скатертью — будет всегда достаток.

Мужу и жене одной ложкой есть — быть потом недовольными друг другом.

Невеста в день свадьбы раздает перед церковью деньги бедным, которые встречаются.

Надо знать, что все несчастья, от которых этим избавляется невеста, обрушатся на тех, кто взял эти деньги.

Если в день свадьбы сильный ветер — жизнь у молодых будет ветреной. Молодая жена должна вдребезги разбить тарелку, прежде чем переступить порог дома, и с мужем перешагнуть через осколки, чтобы не было между ними ссор и размолвок.

Новобрачным стелют спать на ржаных снопах, количество которых непременно должно быть нечетным. Тогда ни молодожены, ни их дети ни в чем не будут нуждаться. Встречая молодых из загса, свекровь со свекром подносят им хлеб-соль (пирог со стоящей на нем солонкой), каждый из молодоженов должен откусить кусок пирога, не дотрагиваясь до него руками, кто откусит больший кусок, тот и будет главой семьи.

Повсеместно считается: кто первый наступит на ковер загса, тот и будет главой семьи. Хозяина дома определяют и по тому, кто первым переступит через порог. В ряде мест принято, чтобы жених переносил невесту через порог на руках.

Заговоры на брак

Если вашу дочь не берут замуж

Если случилось несчастье, в вашей семье есть невеста на выданье с каким-нибудь пороком: косая, рябая, хромая и т.п., позаботьтесь о том, чтобы ваша дочь была счастливо выдана замуж и муж ее любил. Сделать нужно вот что: взять на Крещенье святой воды, разделить на 3 части, говоря при этом:

Во имя Отца, и Сына, и Святого Духа.

Одной частью воды напоить, другой умыть, третью вылить у входа в дом. На воду читать такие слова:

Беда лиха, отдай жениха рабе Божьей (имя) к супружеству, к замужеству, к мягкой подушке, к брачной постели. Заведи глаза женихам, чтоб они на рабу Божью (имя) глядели-не наглядилися, смотрели-не насмотрелися, скучали-не наскучалися. И была бы раба Божья (имя) для них краше солнца красного, слаще меда майского. Аминь.

Делать во вторник.

Когда сваху посылают засватывать избранную невесту

Этот наговор употребляется только тогда, когда не надеются получить согласие отца и матери невесты.

Встану я, (имя), на утренней заре, на солносходе красного солнца и пойду из дверей в двери, из ворот в ворота в восточную сторону, в чистое поле; в том чистом поле гуляет буйный ветер. Подойду я поближе, поклонюсь пониже и скажу: Гой еси, буйный ветер, пособи и помоги мне, (имя), закон получить от сего дома, и взять кого я хочу, и у того бы человека, (имя), ум и разум отступился и на все четыре стороны расшибся, а ко мне бы, (имя), приступился и ум-разум домашних судьбы наппаче, кого хочу получить; и перевалились бы и отошли бы ко мне, (имя), все ее мысли, и охоты, и забавы, и все бы их вниз по воде унесло, а на меня, (имя), принесло. Ключ в море, замок в роте. Тому слову нету края и конца, от злого человека вреда, беды и напасти. А кто замыслил, у того человека ничего бы не последовало, и заперло бы ключами, и замками и восковыми печатями запечатало.

Заговаривать необходимо подарок, который сваха берет для родителей невесты, 7 раз.

Когда сваха идет на сватовство

Входя на крыльцо дома невесты, сваха ступает на первую ступень правою ногой и притом говорит:

Как нога моя стоит твердо и крепко, так слово мое будет твердо и лепко, тверже камня, лепче клею и серы сосновой, острее булатного ножа; что задумано, да исполнится.

Потом сваха ступает правою же ногою через порог, а войдя в комнату и помолясь Богу, садится под матицу на лавку, которая идет по длине пола, и приступает к переговорам.

При проводах жениха

Пока поезжане и жених собираются в путь, вежливец (знахарь-сберегатель на свадьбе) обходит кругом всех лошадей, передвигает телеги, потряхивает колокольцы и в то же время шепотом говорит:

Покорюсь, помолюсь сей день, сей час, утром рано, вечером поздно! Благослови меня, пресвятая мати Богородица, Егорий храбрый, со князем, со тысяцким, со большими боярами, со свитой, с дружкой и поддружкой ко княгине ехати, княгиню получати, с княгиней к Божью церковь доехати, закон Божий приняти!

Стану, благословясь, пойду, перекрещусь, на восточную сторону; благослови меня, Михайло Архангел, дай нам пути-дороги!

При проводах невесты

Когда невеста, покрытая фатою или платком, садится в повозку со свахою, а тысяцкий садится с одним из поезжан, имея в руках образ, дружка, отвечающий за благополучное окончание свадьбы, ограждает поезд от колдунов, недобрых знахарей и волховитов, для чего берет восковую свечу и обходит кругом всего поезда, похлопывая бичом и приговаривая про себя:

Встану я, раб Божий (имя), благословясь, пойду, перекрестясь; умоюсь студеною ключевою водою, утрусь тонким полотенцем; обложусь я оболоками, подпояшусь красною зарею, огорожусь светлым месяцем, обтычусь частыми звездами и освечусь я красным солнышком. Огражу вокруг меня (имя), и дружины моей с ослятами тын железный, почву укладну, небо булатно. Чтоб никто не мог прострелить его, от востока до запада, от севера на лето: ни еретик, ни еретица, ни колдун, ни колдуница, годный и негодный, кто на свете хлеб ест. Голова моя — коробея, язык мой — замок.

Потом трижды читает молитву «Да воскреснет Бог» и некоторые другие. Кроме того, отделив небольшие кусочки воска от свечи, налепляет их поезжанам на кресты, а лошадям на гривы.

Наговор при отпуске молодых

Колдун берет воск, ставит на три иглы и говорит трижды:

Отпускаю аз, раб Божий (имя), свадьбу на два часа. Господи, помилуй.

Чтобы сын женился

Бывает, что взрослый сын долго не женится и родители переживают. Надо наговорить на еду или питье для сына так:

Русалочки-разжигалочки, кидайтесь, бросайтесь во сне рабу (имя) на белу грудь, разожгите во сне и наяву ретиво сердце добра молодца, раба (имя), чтоб по девкам заскучал, по жене ласковой, по детской пеленке, по мокрой распашонке, по девичьей груди, сахарным устам. Марьюшка-зорюшка, заря-зареница, красная девица: Повяжи брачными узами раба Божьего (имя). Амннь.

Заговор венчальный

Читать во время браковенчания, чтобы молодожены никогда не расходились и не гуляли друг от друга:

Все святые раба (имя мужчины) за руки берут, к алтарю ведут. У венца раба (имя женщины) стоит, на святых глядит. Господи, царь небесный, повенчай венцом святым раба (имя) с рабой (имя) на веки вечные, до смерти не разлучай. Аминь.

Заговоры от порчи свадьбы

Стану аз, раб Божий (имя), благословясь, пойду, перекрестясь, ставить железныя тыны от морския глубины, от небесной высоты, от востока до запада, от севера до полудня, въеду аз, раб Божий (имя), в железный тын со всем моим поездом; затворю аз, раб Божий (имя), за тридевять щитов, за тридевять замков; выну из тридевять замков тридевять ключей, кину я те ключи в чистое море-окиян. И выйдет из того моря щука златоперая, чешуя медная, и та щука проглотит тридевять моих ключей и сойдет в море, в глубину морскую. И как никому той щуки не поймать и тридевять ключей не сыскать, н замков не отпирывать, — и меня, раба Божия (имя), и князя молодого не испорчивать и весь мой княжеский поезд, всегда, ныне и присно и во веки веков, аминь.

Господи, Иисусе Христе, сыне Божий, помилуй нас! Поклоняюся аз, раб Божий (имя), низко его златому кресту, восплачу и возопию; начну аз, раб Божий (имя), наряжаться со всем моим поездом, с новобрачным князем и со всем поездом и с конскою сбруею промежу вечернею зарею и утреннею ко святому морю-окияну. Следы мои травой зарастают и песком засыплют, водой заливают. Некому моих следов найти, не ехать никакому злому человеку. Приеду аз, раб Божий (имя), среди синего моря-окияна на бел-горюч камень алатырь, со всем моим поездом и новобрачным князем и с конскою сбруей и всеми, которые едут в моем поезде и в моем заговоре. Посмотрю аз, раб Божий (имя), на все четыре стороны, а есть на восточной стороне окияна-моря, на углу стоит храм святого Климента, Папы Римского; на кресте написан сам господь Иисус Христос и четыре евангелиста: Лука, Марк, Матфей. Помолюсь аз, раб Божий (имя), самому Христу небесному и пречистой его матери и четырем евангелистам и стану отговариваться от колдунов, от колдуньи, от шептунов, от шептуньи, от старца и старицы, от всякого злого человека, от рабов и рабынь, от верных и неверных; ныне и присно, и во веки веков, Аминь.

От жару, от вхождения в одном месте облаков; от Ильи Пророка, молния палит, лес ломит, травою шумит, водою замывает, песком засыпает; будьте, мои слова, крепки и сердиты на то мое дело; крепче ножа булатного, вострее сабли булатной; засекайте, мои слова, от колдуна, от колдуньи, от шептуна, от шептуньи, который мой супостат и супостатница на меня, раба Божия (имя), зло думает и на моих поезжан, которые в моем поезде едут, ихнего молодого не испорчивать; ныне и присно, и во веки веков, аминь

Отче наш – 3 раза.

Шел Христос через тридевять небес, на трость Христос опирался, на четыре стороны крещался.

Окрести мои телеса и словеса, неси мои телеса и словеса от зори на небо, под булатный камень. Под булатным камнем, там колдуны и колдуницы, виритники и виритницы. Кто Гаврилу или Домну испортит, тот синее море выпьет, желты пески пожрет. К нашем сенате, по иисусовой молитве, в угольном жаре.

Читать 3 раза.

Заговор произносится над непитой водой. Заговорной водой мочат голову, обтирают тело и поят жениха и невесту, обрызгивают их крестообразно, несколько капель воды вливают в их обувь. Эту же воду дают пить во время свадьбы.

Оберег невесты

При входе после венца в дом мужа молодая говорит:

Первая, другая, я иду третья! Все вон, мне одной дом.

Этот приговор молодой употребляется ею, вероятно, для того, чтобы первенствовать над другими снохами.

Оберег жениха

Когда молодой идет в дом невесты на жительство (зять-приемыш), то, вступая в избу после венца, произносит слова, глядя в потолок:

Я иду, зверь лапист и горд, горластый, волк зубастый; я есть волк, а вы есть овцы мои.

Чтоб дурной человек не напакостил на свадьбе

Старший в семье читает заговор:

Господи Боже, благослови. Встала я, благословилась, вижу чисто поле, где заводится у христьян свадьба, где призвали меня к этой свадьбе. Помолюсь, покорюсь ему, самому истинному Христу.

При мне посох осиновый, старая ладанка, есть буду просвиру, пить святую воду, сберегу свадьбу христьянскую, отпущу в веселье да радости. Никто бы не мог к моей свадьбе прицепиться, приколоться, никто бы не попортил ее. Закрою я эту свадьбу, никто бы ее не видел. Часы идите, минуты летите, встречайте, богоданные родители, с счастьем, с радостью мою свадьбу. Соль – злому, беда – плохому, а молодым – удача и долгий век. Будьте, мои слова, крепки и лепки. Отныне и во веки веков. Аминь.

Во имя Отца, и Сына, и Святого Духа.

Взять в западной стороне море Черное; в том море есть остров. На том же острове выросло дерево, на том же дереве корень и ветвие; на том же дереве сидит железен муж, осматривает железен муж всякого ведуна, колдуна, кудесника. Чтобы видеть мне, сторожу, колдуна и ведуна, мужика, женку и девку. Окажи мне на всех четырех сторонах, окажи мне, сторожу, в избе или на улице, в пиру или на свадьбе, или у заплота, или за плахами, или за рекою, – везде, кто где ни стоит, как бы сторожа не тронуть.

Тот же железен муж, кабы на колдуна и ведуна тянет он лук, отворачивает недобрые словеса и речи колдунов ниведунов, аще он враг ее же, кабы она легонько в зубки подола зняла и подругу бы оказала, руку бы зняла, своего дьявола звеселила; да тот же железен муж, в избу привяжи ее к печному столбу, а на улицу к огороду; а мужик тот же колдун, надо мной пытается; ты же, железен муж: Кабы нас не няла его молитва, а ему, колдуну, ничем бы ему от меня не оняться;

сведи его, тот же железен муж, сведи его в баню и поставь его в каменищу головою, иже его врага, кой вражит, и повесь его же вверх ногами, у стропил к одному углу, и брось его же о сыру землю; да тот же железен муж, не отпущай меня, раба Божия (имя), его врага о землю порази, его стречника. Или, у князя молодого лошадь подтыкается от подтычки; или у свахи, у тысяцкого, у дружек, у сторожа, у всего княжего поезда прибору от вожения, которая враг повалить хочет от крепосца, тот же железный муж оборонят меня, раба Божия (имя), сторожа, князя н княгиню, тысяцкого, дружек, и весь княжон прибор, бросает его, того же врага, как бы на вас не думал, брось его о сыру землю; во веки веков, аминь.

Читают, когда невеста переступит порог дома:

Чур, моя дума; чур, мое тело, чур, моя кровь! Под дерево, под камень — не на рабу Божию (имя).

Стану я раб Божий (имя), благословясь, и выйду, перекрестясь, из избы дверямм, из двора воротами, под восточную сторону. Под восточной стороной поверх травы умоюсь мокрой росой, подпояшусь светлым месяцем, наряжусь красным солнышком. Попадутся мне навстречу триста ангелов Господних, триста три святителя со апостолами, и с ними вся сила небесная идет под восточную сторону. Есть святый остров середь окияна-моря. На том острове есть бел алатырь-камень, и на том белом камне стоит святая соборная апостольская церковь.

— Вы, гой еси, триста апостолов, триста три угодника со апостолами Господними, посадите меня, раба Божня (имя), на свои золотые крылья и несите середи окиян-моря, посадите на белом алатыре, а с белого алатырь-камня посадните на паперть Господню. Помолюсь, грешный, я праведникам, святым апостолам, ангелам Господним; всем силам небесным:

— Куда сряжаюсь, раб Божий (имя)? Сряжаюсь на Божий путь, отпущаю Господню свадьбу.

— Далеко ли отпущаеши?

— *За триста за тридцать попрысков.*

Тысяцкий с новобрачными, боярин большой с большим, меньшой с меньшим, сваха с подсватьем, дружка с полудружьем, с разными добрыми людьми. И ныне пойдут они в святую соборную церковь, помолятся Спасу Нерукотворенному, троице живоначальной, скорбящей Богородице, Николаю Чудотворцу, Пятнице нареченной, Василию Великому, Григорию Богослову, Иоанну Златоусту, Иоанну Крестителю, Иоанну Богослову, Дмитрию Ростовскому, чудотворцу-батюшке Илье Пророку, Прокопию Праведному, устюжскому чудотворцу. Помолюсь и покорюсь батюшке Егорию Храброму:

— Гой еси, батюшка Егорий Храбрый, сядь на своего белого коня, возьми копье долгомерное, объедь меня, раба Божия (имя), вокруг со своею свадьбою Господнею, с одной стороны ограду белокаменную от земли до неба. Говорил с батюшкой Ильей-Пророком:

— Гой еси, раб Божий (имя), покорюсь и помолюсь матери владычице пресвятой Богородице, деве Марии запрестольной;

подойду поближе, поклонюсь пониже. Ко образу господню приложуся, пеленою нетленною ризой утруся, куда сряжаюсь, раб Божий (имя), спрошуся. Сряжаюсь на Божий путь, отпущаю Господню свадьбу с тысяцким, с новобрачными, боярин большой с большим, меньшой с меньшим, сват с подсватьем, дружка с полудружьем, и со всеми добрыми людями. Господь тя благословит, Господь тебе помогает и защищает.

(Слова Богородицы):

— Ты еси, мой сын, Христос истинный, дитя мое возлюбленное, собирай свои триста ангелов, триста три угодника со апостолами Господними, собирай всю силу небесную, наденьте на нас златые венцы крепкие. Буди на нашем рабе божием (имя) золотые венцы крепкие от земли до неба, входящие в сыру землю на три сажени печатны и поверх ходячего облака. Еще ты, матушка пресвятая Богородица, сохрани, побереги всякого человека от волхова и волховицы, и от колдуна и от колдуницы, и от красной девицы, бабы-беловолоски, девки-простоволоски, от черного, от черемного, от двоезубого, от троезубого, от троеженаго, и от старца и от старицы, и от попа и от попадьи; от ворона и бороницы, от сороки, от сорочицы, от птички и от касатки, от всякого, кто меня станет вражеской силой портить.

— Гой еси, батюшка Илья Пророк, отшибай громами гремучими, стреляй стрелой огненной во всякого злого человека, во всякую дьявольскую прелесть, стреляй в ретивое сердце, во горячую кровь, в печень, в легкое, в селезень, во все, в чем смерть.

И наши слова совершенны, будьте, слова, под спудом, укреплены на алтаре Господнем, запертом своим золотым ключом. Запирался раб Божий (имя) со всею своею Господнею свадьбой. Брошен ключ в море, замок опущен середь окияна-моря, под бел алатырь-камень. Ключи слотнула щука, и ту щуку никто поймать, ни изловить не может. Так и мою Господню свадьбу никто ни оговорить, ни испортить не может. И будьте, мои слова, все крепки и сполна. Аминь да аминь, да трое аминь, слава и аминь.

Стану, раб Божий, благословясь, пойду, перекрестясь, по избе в двери, по двору в вороты, в чисто поле, во широкое раздолье, на киан-море. На море на киане стоит злат остров, на этом острову стоит матушка Божья апостольска церковь. В матушке соборной церкви алтарь. Во этом алтарю злат престол. На златом престоле шелкова скатерка. На этой на скатерке стоит матушка пресвятая Богородица. Пойду я, раб Божий, поближе, поклонюсь пониже, поклонюсь, помолюсь: Матушка владычица, пресвятая Богородица, спаси меня и сохрани меня, Боже, и мой княжеский поезд с моим храбрым конем, тысяцкого с большими боярами, с меньшими боярами, и сваху с провожатым, и дружку с полудружьем. Матушка владычица, пресвятая Богородица, спасла и сохранила, золотой невестиной ризой прикрыла и железным тыном загородила от земли и до небеси, от волхита и от волхитницы, от девки-долговолоски, от бабы-простоволоски, от русого, от русоволосого, от рыжего, от красного, от проклятого, от беззубого, от двоезубого, от троезубого, от одноглазого, от стрешного, от поперешного. Как на матушку оне церковь руки не подымут, так и рот не разинут. Вот так и на наш княжеский поезд руки не подымали, рта не разевали, так собаки головы бы не поднимали, и рта не разевали, языком бы не брехали. Наши бы храбры кони не спотыкались, заврочкни не рвались, кощевочки не перевертались, дуги бы не ломались. Во имя Отца и Сына, аминь.

Содержание

ВВЕДЕНИЕ 3

ЗАГОВОРНОЕ СЛОВО 5
Приворот 7
Отворот 22
Скрепление брачных уз 24
Избавиться от соперницы 31
Разлучить мужа с женой 36
Сохранить мужскую силу 39
Заговоры от пьянства 43
Любовь и разлука 46

МАГИЧЕСКИЕ РИТУАЛЫ 49
Приворотные ритуалы 50
Ритуалы для сохранения семьи 71

АМУЛЕТЫ 77

ЗЕРКАЛА В ЛЮБОВНОЙ МАГИИ 85

МАГИЧЕСКИЕ ОБРЯДЫ
  ПО ПОДДЕРЖАНИЮ КРАСОТЫ 92

ТАЛИСМАНЫ И ОБЕРЕГИ 97
Камни-талисманы 105
Обереги 112

ТРАВНИК - НАПИТКИ И ЗЕЛЬЯ ... 114
Зелья ... 117
Любовные стимуляторы ... 120
Возбуждающие напитки ... 126
Любовные ванны ... 135
Травы и женская красота ... 138
Вернуть своему лицу молодость и свежесть ... 141

ЗАЩИТА ОТ МАГИЧЕСКОГО НАПАДЕНИЯ ... 142
Как понять, что на вас напали ... 146
Снять порчу ... 150

ЛЮБОВНЫЕ ГАДАНИЯ ... 169

ГАДАНИЕ НА КАРТАХ ... 183
Значения карт ... 190

РЕБЕНОК В ЛЮБВИ ... 211
Заговор от всех болезней при рождении ... 212
Фазы внутриутробного развития ребенка ... 213
Порчу снять с младенца ... 220

АРОМАТЫ ЛЮБВИ ... 225

АСТРОЛОГИЯ ЛЮБВИ ... 228
Астрология совместимости ... 228
Женский сексуальный гороскоп ... 266

МАГИЯ ДЛЯ НОВОБРАЧНЫХ 282
Магия и свадьба. Приметы и советы 282
Заговоры на брак 295
Заговоры от порчи свадьбы 301
Чтоб дурной человек не напакостил на свадьбе 306

ФЕНИКС
Торгово-издательская фирма

Книги идательства «Феникс» можно приобрести в крупнейших магазинах г. Москвы:

ТД «БИБЛИО-ГЛОБУС»
  ул. Мясницкая, 6 (тел. 925-24-57)
ТД « МОСКВА»
  ул. Тверская, 8 (тел. 229-66-43)
«МОСКОВСКИЙ ДОМ КНИГИ»
  ул. Новый Арбат, 8 (тел. 290-45-07)
«МОЛОДАЯ ГВАРДИЯ»
  ул. Большая Полянка, 28 (тел. 238-50-01)
«ДОМ ПЕДАГОГИЧЕСКОЙ КНИГИ»
  ул. Пушкинская. 7/5 (тел. 229-50-04)
«МЕДИЦИНСКАЯ КНИГА»
  ул. Комсомольский проспект, 25 (тел. 245-39-27)
и других

По вопросам оптовых и мелкооптовых поставок книг издательства «Феникс» обращайтесь в г. Москве в фирму «Ридас»
Новоданиловская набережная, 9
(тел. 954-30-44)

Торгово-издательская фирма «Феникс»
имеет представительство
в г. Москве на территории
Издательского Торгового Дома «КноРус»

*Вы можете приобрести наши книги
и получить информацию о них по адресу:*
г. Москва, ул. Б.Переяславская, 46,
м «Рижская», «Проспект Мира»,
тел./факс: (095) 280-02-07, 280-72-54, 280-91-06,
280-92-13
e-mail: office@knorus.ru

Мелкооптовый магазин «Литэк»
г. Москва, ул. Николоямская, 45, под. 2 (м «Таганская»)
тел.: (095) 911-98-63, 911-97-42
Сервер в сети Интернет: http://www.book.ru

Торговая фирма «Феникс»

☑ Оптовая и розничная торговля книжной продукцией
☑ Быстрообновляемый разнообразный ассортимент
☑ Своевременная доставка книг контейнерами и/или автотранспортом в любую точку России
☑ Разумные цены и гибкая система скидок

Наш адрес:
344007, г. Ростов-на-Дону, пер. Соборный, 17
тел.: (8632) 62-44-72, 44-19-03, 44-19-04;
факс: 62-45-94, 62-38-11.
E-mail: phoenix@ic.ru
Web: http://www.phoenix.ic.ru/home/phoenix

Серия «Магические технологии»

Татьяна Золотая

Магия любви

Отв. редактор:	*Фролова Ж., Беляев Г.*
Корректор:	*Коваль С.*
Художник:	*Вартанов А.*
Комп. верстка:	*Калашников Г.*

Сдано в набор 20.02.2000 г.
Подписано в печать 30.03.2000 г.
Формат 84×108 $^1/_{32}$. Бумага газетная.
Гарнитура Akselerat, Times.
Тираж 10000. Заказ № 158.

Лицензия ЛР № 065194 от 2 июня 1997 г.

Налоговая льгота — общероссийский классификатор продукции ОК-00-93 том 2, 953000 — книги, брошюры.

Издательство «ФЕНИКС»

344007, г. Ростов н/Д,

пер. Соборный, 17

Отпечатано с готовых диапозитивов в ЗАО «Книга» 344019, г. Ростов-на-Дону, ул. Советская, 57.

Золотая Магия любви/
Магические техн
new Цена 55.00
2021806002753090020